潛能開發×吸引力法則×七個心理測驗

正念力就是你的超能力！

自我暗示的心力學

目錄

前言

Chapter1　把心態調整到最佳狀態

Chapter2　信念的神奇力量

目錄

Chapter3　活在永恆的當下

Chapter4　心靈的覺醒

Chapter5　還我本來面目

Chapter6　懷有一顆感恩的心

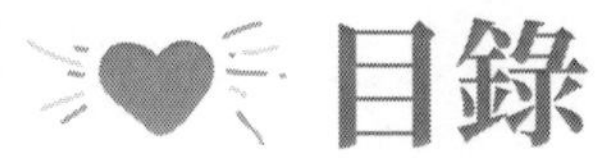

目錄

Chapter7　尋找生命的價值

前言

假如你是一個大學畢業生，你能在畢業不久，就取得十分輝煌的成就，甚至得到諾貝爾獎嗎？

假如你是一個剛進入職場的年輕職員，你能在幾年之後，就成為眾人矚目的經理人，讓幾百家大企業向你發出邀請嗎？

假如你是一個年輕的創業者，你能在打拼幾年之後，讓你的公司取得巨大成功，成為眾人羨慕和敬仰的創業英雄嗎？

……

如果你對上述問題感興趣，那麼本書所展示的「心力學」理論，應該能給你一個滿意的答案！

「一切成就，從心開始」！

當我們啟動心靈的力量，我們就會將焦點轉向更大和更廣闊的畫面，我們就會知道自己真正想要的是什麼，想成為什麼樣的人；我們就會變得充滿熱情、富有活力和創造力；我們就會滿懷愛心和同情心，更具智慧與寬容，善於關心和體貼他人；我們就會活在覺察之中，更容易感受和表達愛，去創造、體驗更多的喜悅，過一種富有意義、和諧而豐盛的生活。

當今社會，追求成功已經成為一種時代的潮流。成功或失敗，只在一念之間。成功的內涵是由每一個人透過自己的認知所下的注腳，所以，成功是人人皆可獲得的，但是，成功絕對不是「想」來的，成功是經由方法和步驟實現而得到的。

前言

「並非總是跑得最快的人，能在比賽中得冠，也並不是最強壯的人，才能在競技中獲獎。」換句話說，成功並非遙不可及，只要你願意，成功就屬於你。成功在每個人的心中都有著不同的定義，但毋庸置疑的是，每一個人都渴望成功，追求成功。在普通人看來成功或許遙不可及，但實際上，成功的主動權就掌握在我們自己手中。普通的人總是臨淵羨魚，羨慕別人的成功，眼紅別人的幸福，而自己只能站在成功的山腳下觀望，從不探究和學習成功人士成功的經驗和祕訣。

成功不僅是與別人相比，更重要的是要了解自己，喚醒你心目中的巨人，努力不懈的追求夢想，追求進步，讓自己的每一天都比昨天更好。其實生活對於我們每個人來講都是很公平的，命運對誰都沒有一副完美的笑臉，幸福與痛苦，成功與失敗都隨時伴隨在我們左右。

沒有一種成功是必須要實現的，但是只有你勇於攀登你所選擇的山頂，成功才會離你越來越近。成功並非一場競賽，也不是一座難以逾越的高山。它其實只是你生來就具有的權利，它是你生活的本來面目。我們往往把成功看得那麼神祕，那麼遙遠，那麼高不可攀，其實，成功的大門只是虛掩著，根本沒有對我們關閉，只要我們輕輕一推，就可以打開。可惜的是，很多人總是徘徊在成功的大門之外，沒有信心、沒有勇氣去推開那扇成功的大門。

也許你正處在進退維艱的境地或是心海迷茫的時刻，也許你正在為自己屢次錯過成功的機會而懊惱不已，也許你正在為跌入低谷看不到希望而苦苦掙扎，也許你正在為不知如何激發自己的潛能而冥思苦想，也許你正在為找不到自己的目標而左顧右盼……那麼，本書也許真的會給你一些幫助。

前言

Chapter1

把心態調整到最佳狀態

心態決定人的命運，它能使我們成大事，也能使我們淪為失敗者。同一件事情，由具有不同心態的人去做，其結果必會不同。無數成功人士所走過的成功之路，均證實這樣一個真理 —— 好心態是成功的關鍵。

心態是自己真正的主人

為什麼有些人就是比其他的人能賺更多的錢，擁有不錯的工作、良好的人際關係、健康的身體，整天快快樂樂，擁有高品質生活；而另一些人終日忙碌卻只能勉強維持生計？

心理學家發現，這個祕密就是人的「心態」。

一位哲人說：「你的心態就是你真正的主人。」

一位偉人說：「要麼你去駕馭生命，要麼是生命駕馭你。你的心態決定誰是坐騎，誰是騎手。」

某對姐弟倆非常聰明，他們上小學時，因為非常用功，所以，他們在班上一向都是好學生。但天有不測風雲，他們還沒有等到小學畢業，父母之間的感情就出現了裂痕。姐弟倆經常被嚇得不敢回家。

後來，父母離婚了，姐弟倆都被判給了父親。不久，父親就帶回了一個女人。自從那個女人進門，姐弟倆經常被呼來喝去，有時甚至沒吃飯。有一次，繼母讓弟弟倒髒水，姐姐看弟弟拎不動水桶就想去幫忙，繼母上前就是一巴掌，把姐姐打倒在地。吃飯時，繼母經常在菜裡放很多辣椒，辣得姐弟倆直流眼淚。

有一次，天氣很冷，姐弟倆放學後一直等到天黑都進不了家門。鄰居實在看不下去了，讓他倆先到屋裡取暖，可姐弟倆說什麼都不敢去。就是在這種環境下，姐姐學會了和繼母作對，學業成績也慢慢的滑了下來，大學沒考上，只好當了一名工人。而弟弟卻一直沒有放棄自己的學業；有一次，父親把一個橘子放在他的桌子上，他都沒有看見，直到父親偶然進了他的房間，才發現那個橘子已經腐爛了。從小學到高中，他的成績一直都沒有下降到第三名，並且一直都是班級幹部，在班上的人緣也一直很好。高中畢業後他以優異的成績考入國立大學，隨後保送研究所。

同樣是一個父母所生，同樣生活在家庭不幸的陰影裡，姐姐的前途被毀了，弟弟卻前途一片光明。原因在哪裡？就在心態。姐姐在困境中，心態變得脆弱而易怒，弟弟卻能隱忍，始終以一個目標為奮鬥方向，把其他的一切都拋在腦後。

心態對人的前途影響是巨大的，一個人只有擁有良好的心態，才能無懼生活中的困難，才能始終堅定的為自己的理想而努力。也只有這樣的人，才能擁有美好的前途。

※

曾經，有一家紡織廠，因為經營不善，工廠決定資遣一批人。在這一批被資遣員工裡有兩位女性，她們都四十歲左右，一位是大學畢業的廠內工程師，另一位則是普通女工。毫無疑問，就學歷而論，這位工程師的智商也許超過了那位普通工人，但後來工程師的命運卻不如普通女工。

女工和女工程師都被資遣了！這成了全廠的一個熱門話題，人們紛紛議論著、嘀咕著。女工程師對人生的這一變化深懷怨恨。她憤怒過、她罵過、她也吵過，但都無濟於事。因為被資遣人員的數目還在不斷增加，也有別的工程師被資遣了。儘管如此，她卻仍感到憤憤不平，她始終覺得被資遣是一件丟人的事。她的心態漸漸的由憤怒轉化成了抱怨，又由抱怨轉化成了內疚。她整天悶悶不樂的待在家裡，不願出門見人，更沒想到要重新開始自己的人生，孤獨而憂鬱的心態控制了她的一切。本來她就有高血壓，身體弱，憂鬱的心態又總是把自己的注意力集中到被遣散這件事上。她內心一直都在拒絕這一變化，但這一變化又確實擺在面前，她無法解脫。沒過多久，她就帶著憂鬱的心情孤寂的離開了人世。

普通女工的心態卻大不一樣，她很快就從遣散的陰影裡走出來。她想別人既然沒有工作能生活下去，自己也肯定能生活下去。她還萌生了一個信念 —— 一定要活得比以前更好！從此以後，她的內心沒有了抱怨和焦慮，她平心靜氣的接受了現實。說來也怪，平靜的心態讓她變得樂觀起來，她發現了自己以前從來沒有注意過的長處，也就是她對烹飪非常內行。就這樣，在親戚朋友的支持下，她開起了一家小小的火鍋店。由於發揮了自己的長處，她經營的火鍋店生意十分興隆，僅用了一年多的時間，她就還清了債務。現在她的火鍋店的規模已擴大了幾倍，成了當地小有名氣的餐廳，她自己也確實過上了比在工廠上班時更好的生活。

一個是工程師，一個是普通女工，她們都曾面臨著同樣一個困境 —— 被資遣，但為什麼她們的命運卻迥然不同呢？原因就在於她們各自的心態不同。

女工程師的心態始終處在憂鬱之中，這樣的心態使得她對自己的人生不可能做出一個公正的評價，更不可能重新揚起生活的風帆。她完完全全沉溺在自己孤獨的內心之中。一個人一旦擁有了這樣的心態，其智慧就猶如明亮的鏡子被蒙上了一層厚厚的灰土，根本就不可能映照萬物。所以，女工程師在面對生活的變化之時，她的心態卻阻礙了其能力的發揮。不僅如此，她的心態還把她的人生引向了負面結果，使她在埋怨和憂鬱的方向上變本加厲，換句話說，她的能力越好，她就越怨天尤人，她的憂鬱情緒就越嚴重。而與之相反，普通女工的平和心態不僅使自己的能力得到了淋漓盡致的發揮，而且還讓結果是正面的、積極的，所以，她獲得了成功，過上了比以前更好的日子。

或許，能力與心態之間的關係，就像是汽車引擎與方向盤的關係一樣。引擎決定著汽車動力的大小，能力也決定著人成就的大小，但是方向盤卻決定著動力的方向，同理，心態也決定著能力發揮的好壞。

正如西方一位心理學家所說——「心態是橫在人生之路上的雙向門，人們可以把它轉到一邊，進入成功；也可以把它轉到另一邊，進入失敗。」

成功人士與失敗者的差別是：成功人士始終用積極的思考、樂觀的精神和豐富的經驗支配和控制自己的人生。失敗者則剛好相反，他們的人生受過去的失敗與疑慮所引導和支配。

心態的改變就是命運的改變

曾經有人說過:「我們怎樣對待生活,生活就怎樣對待我們。」心態和前途也是這樣一種辨證關係,我們用積極的心態對待人生,我們的人生將是一片光明;我們用消極的心態對待人生,我們的人生也就只會是一片灰暗。

生活在同樣一個世界上,有的人過得幸福、快樂、富有,有的人卻一直生活在苦惱和貧困之中。

這是為什麼呢?

其實,人與人之間原本沒多大區別,只是由於各自心態的不同而造成截然不同的結局。

曾經,有兩位從鄉下來的年輕人出外求職。一個想去A城,一個要去B城。在車站大廳等車時,聽到鄰座的人議論說:「A城的人精明,外地人問路都要收費;B城的人質樸,見到吃不飽飯的人,不僅給饅頭,還送舊衣服。」

想去A城的人聽說B城人好,心想賺不到錢也餓不死,暗自慶幸車還沒到,不然一到A城真掉進了火坑。

去B城的人想,A城好,幫人帶路都能賺錢,幸虧我還沒上車,不然真失去一次致富的機會。

於是他們在售票口相遇了,並交換了車票。

去B城的人發現,B城果然好。他初到B城的一個月,什麼都沒做,竟然沒有餓著。銀行裡的飲水機可以免費喝,商場裡的點心也可以免費試吃，他整天樂開懷。

去 A 城的人發現，A 城果然是一個可以發財的城市。做什麼都可以賺錢。帶路可以賺錢，蓋廁所可以賺錢。只要想點辦法，再花點力氣都可以賺錢。

憑著鄉下人對泥土的感情和了解，第二天，他在建築工地裝了十包含有沙子和樹葉的土，以「小盆栽」的名義，向不見泥土而又愛花的 A 城人兜售。當天他在城郊間往返六次，淨賺了三千元。一年後，憑著「小盆栽」，他竟然在 A 城擁有了一個小小的店面。

後來，他在常年走訪街頭時，發現一些商店外表亮麗而招牌較黑，一打聽才知道是清潔公司只負責洗樓而不洗招牌。他立即辦起一家小型清潔公司，專門負責擦洗招牌。慢慢的他的員工發展到幾百人，業務範圍也由 A 城拓展到 C 城和 D 城。

數年後，他坐火車到 B 城考察清潔市場。在 B 城車站，一個撿破爛的人把頭伸進車廂，向他要一個空啤酒瓶。就在遞酒瓶時，兩人都愣住了，因為數年前，他們曾換過一次車票。

這個故事告訴我們：心態是一柄雙面刃，積極的心態成就人生，消極的心態則毀滅人生。

…………………………………………　※　…………………………………………

有一戶人家的菜園裡有一顆大石頭，去菜園的人不小心就會絆到那顆大石頭，不是跌倒就是擦傷。

兒子問：「爸爸，那塊討厭的石頭，為什麼不把它挖走？」

爸爸這麼回答：「你說那塊石頭啊？從你爺爺那個時候就放在那裡了，它那麼大，不知道要挖到什麼時候才能挖出來，沒事無聊挖石頭還不如走路小心一點。」

幾年過去了，當年的兒子娶了老婆，當了爸爸，那塊大石頭還在那裡。

有一天，妻子氣憤的對丈夫說：「菜園那塊大石頭把我絆倒過好幾次，我們改天請人搬走吧！」

當年的兒子說：「算了吧。那塊大石頭很重的，要是那麼容易搬走的話，我和爸爸早就搬走了，還等到現在？」

在一旁的老父親也跟著說：「是啊是啊，要是好搬，我和我爸爸早就把它搬走了。」

妻子心底非常不是滋味，那塊大石頭不知道讓她跌倒了多少次。她決定自己試一試。一天早上，妻子帶著鋤頭和一桶水來到園子裡。她將整桶水倒在大石頭四周。十幾分鐘以後，妻子用鋤頭把大石頭四周的泥土翻鬆。

她原以為至少要挖一天，不一會，石頭就被挖出來了，看上去這塊石頭也沒有想像的那麼大，只是不少人當初被那個巨大的外表矇騙了。

我們覺得石頭大、石頭重，便不會有搬動它的信心，更不會有去搬它的行動。矇騙人的不只是事物的外表，還有我們消極的心態。要改變我們的世界，首先必須改變我們的心態。如果我們的世界沉悶而無望，那是因為我們自己沉悶無望。

其實，在我們的周圍有很多這樣的人，他們說：「公司從成立開始就是這樣，如果還能改進，那些老闆、董事、經理早就做過了，還用得上我嗎？」或者「天那麼高，哪能上去啊，想都別想了，還是老實待在地上吧！」……如果大家都這樣想，恐怕世界上就沒有知名的企業，因為沒有人敢改革，敢創新；世界上也不會有技藝精湛的廚師、工匠、演員、作家，不會有天文學家，不會有飛機、火車、輪船、電動車、智慧型手機的發明，因為一切都很困難，困難得讓人不敢想。

另外，我們經常會聽到有人抱怨，說上天對自己多麼不公平，未能提供給自己一個良好的環境，從而導致自己一直碌碌無為。那麼，人生的結局真的是由於外界環境所造成的嗎？

當然不是。正如世界著名成功學大師安東尼·羅賓斯（Anthony Robbins）所說：「影響我們人生的絕不是環境，也不是遭遇，而是我們抱持什麼樣的心態。」

有這樣一個故事：

有位老太太找了一個油漆匠到家裡粉刷牆壁。油漆匠一走進門，看到她的丈夫雙目失明，頓時流露出憐憫的目光。可是男主人開朗樂觀，所以油漆匠在那裡工作的幾天，他們談得很投機。油漆匠也從未提起男主人的缺陷。

工作完畢，油漆匠取出帳單，老太太發現跟原來談好的價錢相比，油漆匠打了很大的折扣。她問油漆匠：「怎麼少算這麼多呢？」油漆匠回答說：「我跟你先生在一起覺得很快樂，他對人生的態度，使得我覺得自己的境況還不算最壞。所以減去的那一部分，算是我對他表示的一點感謝，因為他使我不再把工作看得太苦！」

油漆匠對丈夫的推崇，使這位太太流下了眼淚。因為這位慷慨的油漆匠，自己只有一隻手。

身障人士尚能對生活如此樂觀，那麼我們正常人呢？

其實，生活中，每個人都可能遇到這樣或那樣的不幸，諸如親人不幸死亡、朋友分手、身患重病……但我們需要知道的是，這一切於我們都不重要，於我們都不會構成致命的創傷。

最致命的創傷來自我們自己心靈深處，是我們的心靈導致我們絕望。事實也的確如此，人的心態決定你是否快樂，心態的改變，就是命運的改變。

健康的身體必須有健康的心態

每個人的健康對他的生活和工作都有著重要的作用，健康的身體必須要有健康的心態。

有些人每天在醒來時和就寢前都要對自己說：「我每天會過得越來越好。」對他們來說，這句話天天都有作用。

其實，說這句話的人，正在運用一種無形的精神力量。無數事實已經證明：人的心態確實會影響人的健康和幸福。

二戰時期，德國的納粹分子曾進行了一次觸目驚心的心理實驗，他們聲稱將以一種特殊的方式來處死人，這種方式就是抽乾人身上的血液。實驗那天，他們從集中營挑選來兩個人，一個是牧師，另一個是普通工人。納粹士兵將倆人分別捆綁在床上，用黑布蒙住雙眼，然後將針頭插進他們的手臂，並不時的告訴他們：「現在，你已經被抽了多少升血了，你的血將在多少時間內被抽乾！」其實，納粹士兵並沒有真的要抽乾他們的血，而只是在他們的手臂上插進了一支空針頭。結果，普通工人的臉部不斷抽搐，臉色變得慘白，漸漸的在驚恐萬狀中死去。顯然，這位普通工人內心充滿了恐懼，恐懼的心態使他心力衰竭，導致了死亡。而那位牧師卻始終神情安詳，死神沒有奪取他的生命，他活了下來。事後，人們問他當時想些什麼，他說：「我的內心很平靜，我不害怕，我問心無愧，即使死了，我的靈魂也會進入天堂。」

納粹分子的這個實驗雖然殘酷，但卻告訴了我們一個道理：心態的力量是無窮無盡的，如果我們有一個好心態，我們就可以選擇生；如果我們有一個壞心態，我們就只能選擇死。

西方心理學家反覆證實了一個觀點：心靈會接受不管多麼荒謬的暗示，一旦接受了它，心靈就會對之做出反應。這就是說，人的理智接受事實，人的心靈則接收暗示。人如果給心靈以積極的暗示，心靈就會呈現出積極的狀態；人如果給心靈以消極的暗示，那麼，心靈就會呈現出消極的狀態。

※

俄國作家契訶夫（Anton Palovich Chekhov）曾寫過一篇小說 ——《小公務員之死》。小說講的是，有一個小公務員一次去看戲，不小心打了一個噴嚏，結果口水不巧濺到了前排一位官員的腦袋上。小公務員十分惶恐，趕緊向官員道歉。那官員沒說什麼。小公務員不知官員是否原諒了他，散戲後又去道歉。官員說：「算了，就這樣吧。」這話讓小公務員心裡更不踏實了。他一夜沒睡好，第二天又去賠不是。官員不耐煩了，讓他閉嘴、出去。小公務員心想，這下子可真是得罪了官員了，他又想辦法去道歉。小公務員就這樣因為一個噴嚏，背上了沉重的心理負擔，最後，他……死了。

契訶夫對小公務員死因的描寫雖有些誇張，但卻說明一個人的心態對其身心健康有著極其重要的作用。

西方一位心理學家給我們講述了一個故事 —— 他的一位親戚向一位占卜師卜問吉凶，後者告訴他，他有嚴重的心臟病，並預言他將在下一個新月之夜死去。

這一消極的暗示進入了他的心靈，他完全相信了這次占卜的結果，他果然如預言所說的那樣死了，然而他根本不知道他自己的心態才是死亡的真正原因。這是一個十分愚蠢、可笑的迷信故事。

讓我們看看他真正的死因吧：這位心理學家的親戚在去看那個占卜師的時候本來是很快樂、健康、堅強和精力旺盛的，而占卜師給了他一個非常消極的暗示，他則接受了它。有句古語：「信則靈，不信則不靈。」消極的暗示使他的心態變得消極起來，他非常害怕，在極度恐懼和焦慮中不停的琢磨他將死去的預言。他告訴了每一個人，還為最後的了結做好了準備。這種必死無疑的心態終於讓他結束了自己的生命。

毫無疑問，不同的人對同一暗示會做出不同的反應。例如：如果我們走到船上的一位船員身邊，用同情的口吻對他說：「親愛的朋友，你看上去好像病了。你不覺得難受嗎？我看你好像要暈船了。」

根據他的性情，他要嘛對我們的「笑話」抱以微笑，要嘛表現出輕微的不耐煩。我們的暗示這次毫無效果，因為暈船的暗示在這位船員的頭腦中未能引起共鳴。一位飽經風浪的水手怎麼會暈船呢？因此，暗示喚醒的不是恐懼與擔憂，而是自信。

而對於另一個乘客來說，如果他缺乏自信，暈船的暗示就會喚醒他頭腦中固有的對於暈船的恐懼。他接收了暗示，也就意味著他真的會變得臉色蒼白，真的會暈起船來。我們每個人的內心都有自己的信仰和觀念，這些內在的意念主宰和駕馭著我們的生活。暗示一般是無法產生效果的，除非我們在精神上接受了它。

因此，我們一定要以積極健康的意念來激發出積極健康的心態，因為只有心態健康了，我們才能有健康的身體。

人生總有許多各式各樣讓人心煩的瑣事，如果我們不善於調節心態，日積月累就會使我們的身體處於亞健康狀態，並引起各種各樣的心理疾病。那麼怎麼樣的心態才有益於健康呢？

1. 保持樂觀情緒。俗話說，「笑一笑，十年少」。樂觀的情緒不僅能使我們顯示青春活力，還將有助於增強身體免疫力，免受疾病的侵襲。
2. 坦然面對現實。在快節奏的都市生活中，人們會面臨種種壓力，勇敢的面對現實，把壓力當作一種挑戰，將更有利於人的身心健康。
3. 能拋棄怨恨，學會原諒。懷有怨恨心理的人情緒波動較大，不是整天抱怨，就是後悔；不是對人懷有敵意，就是自暴自棄。這樣容易使心靈生病。
4. 要熱愛生活。當一個人生病時，熱愛生活的人會多方聽取醫生的意見，積極配合治療，並能消除緊張情緒。
5. 富有幽默感。有人稱幽默是「特效緊張消除法」，是健康人格的重要標誌。許多健康的事業成功者，都具有幽默感。
6. 善於宣洩情感。不善於用語言來表達自己的憂傷或難過等感情的人容易患病，而壓抑憤怒對身體也同樣有害，更不能用酗酒、縱欲等不健康的生活方式來逃避現實。傷心的人痛哭一場，或與知心朋友談談心，或參加合適的體育運動後，常會感到心情舒暢，這就是宣洩情感的意義。

7. 擁有愛心。擁有愛心不僅會使世界變得更美好，而且會更有助於自己的身心健康。這不僅是人生的一大樂事，還會使人更加長壽。

不同的心態導致不同的人生

一個人，如果要開創成功的事業，就要抱著必勝的心態去為之奮鬥。當我們對於事物產生懷疑時，只有一個信念可以幫助我們，那就是 —— 期待最好的結果。

眾所皆知，在這個世界上，成功而卓越的人畢竟是少數，而失敗平庸的人肯定是多數。成功而卓越的人活得充實、自在、灑脫；失敗而平庸的人則過得空虛、艱難、畏縮。那麼，情況為什麼會是這樣的呢？我們不妨仔細的比較一下成功的人和失敗的人的心態，特別是他們在關鍵時刻的心態，將會十分驚訝的發現：在這種時候，由於每個人心態的不同，其各自的命運與事情的結果會是怎樣的不同。

在推銷員中一直廣泛流傳著這樣一個故事。

歐洲的兩個推銷員到非洲去推銷皮鞋。由於天氣炎熱，非洲人一直都是赤著腳。第一個推銷員看到非洲人這個樣子，立刻失望起來，他想：這些人都赤著腳，怎麼會買我的鞋呢？於是他放棄了努力。而另一位推銷員看到非洲人都赤著腳，則不禁驚喜萬分，在他看來：這些人都沒有皮鞋穿，這皮鞋市場太大了。於是想盡一切辦法，引導非洲人購買皮鞋，最後他自然是滿載而歸。

我們不難看出，這就是不同的心態所導致的不同的結果。同樣是非洲市場，同樣面對赤著腳的非洲人，由於不同的心態，一個人灰心失望，不戰而敗；而另一個人則滿懷信心，大獲全勝。

面對同樣的機會，積極心態有助於人們克服困難，發掘自身的力量，幫助人們踏上成功的彼岸。養成消極思維的人則會看著機會漸漸遠去，卻不會採取行動。消極心態會在關鍵時刻散布疑雲，使人錯失良機。

消極心態與積極心態一樣，也能產生巨大的力量。有時候，消極心態的力量還有可能大於積極心態的力量。我們不僅要最大限度的發揮和利用積極心態的力量，也應該極力排斥消極心態的力量。

※

有一個一文不名的年輕人，有一天對他的所有朋友大膽的說：「總有一天，我要到歐洲去。」坐在他旁邊的朋友一聽此話便笑了起來：「聽聽，這是什麼大話呀？」

但是 20 年後，這個年輕人果然帶著自己的妻子去了歐洲。

年輕人當時並沒有像其他人那樣說：「我非常想去歐洲，但我恐怕永遠都花不起這筆錢。」他的心裡抱著積極的、堅定的希望，這希望和積極的心理暗示給了他極大的動力，促使他為了要去歐洲而有所行動。

如果我們首先放棄了，我們一開始就說「不行，我花不起，那筆費用對我來說太昂貴了，我恐怕永遠都做不到。」那麼，事情一定會像自己所想的那樣，一切都會停頓下來。我們的希望沒有了，我們的心智遲鈍了，我們的精神也消失了，久而久之，真的就會讓自己相信事情是不可能辦到的。

障礙與機會之間有什麼區別呢？關鍵在於人們對待事物的態度有所差別。被譽為美國歷史上最偉大的總統之一的亞伯拉罕．林肯（Abraham Lincoln）說過：「成功是屢遭挫折而熱情不減。」積極的人視挫折為成功的踏腳石，並將挫折轉化為機會。消極的人視挫折為成功的絆腳石，讓機會悄悄溜走。

看見將來的希望，就會激發起現在的動力。消極心態會摧毀人們的信心，使希望泯滅。消極心態像一劑慢性毒藥，吃這藥的人會慢慢的變得意志消沉，失去動力，離成功越來越遠。

消極心態不僅想到外在環境最壞的一面，而且還會想到自己最壞的一面。他們不敢企求什麼，因而往往他們的收穫也很少。遇到一個新的想法或觀念，他們的反應往往是：「這是行不通的，從來沒有這麼做過。沒有這主意不也過得很好嘛？我們承擔不起風險，現在條件不成熟，這不是我們的責任。」

也許下面這個故事可以作為我們的負面教材。

故事來自美國的某個州，那裡是用壁爐來燒柴取暖的。有一個樵夫，他給一家人供應木柴已有兩年多了。樵夫知道木柴的直徑不能大於 18 公分，否則就不適合這家人特殊的壁爐。

但有一次，他賣給這個老客戶的木柴大部分都不符合規定的尺寸。

客戶發現這個問題後，就打電話給他，要他調換或者劈開這些不合尺寸的薪柴。

「我不能這樣做！」樵夫說道，「這樣花費的工錢就會比全部柴價還要高。」說完，他就把電話掛了。

這個客戶只好親自來做劈柴的工作。他捲起袖子，開始劈柴。大概在這項工作進行到一半時，他注意到有一根特別的木頭，這根木頭有一個很大的節疤，節疤明顯是被人鑿開又堵塞住了。這是什麼人做的呢？他掂量了一下這根木頭，覺得它很輕，彷彿是空的。他就用斧頭把它劈開，一個發黑的白鐵卷掉了出來。他蹲下去，拾起這個白鐵卷，把它打開，吃驚的發現裡面包有一些很舊的 50 美元和 100 美元兩種面額的鈔票。他數了數，恰好有 2,250 美元。很顯然，這些鈔票藏在這個樹節裡已經有很多年了。這個人唯一的想法是使這些錢回到它真正的主人那裡。

他拿起電話話筒，又打電話給那個樵夫，問他從哪裡砍了這些木頭。

「那是我自己的事。」這個樵夫說，「我怎麼可能告訴你我工作的機密。」對方雖然做了多次努力，還是無法獲悉這些木頭從哪裡砍來的，也不知道是誰把錢藏在樹內。

這個故事說明，具有積極心態的人能發現錢，具有消極心態的人卻不能。可見，好運在每個人的生活中都是存在的。然而，以消極心態對待生活的人會讓好運失之交臂，具有積極心態的人才能抓住機會，獲得利益。

事實上，在我們的日常生活中，之所以失敗而平庸的人占多數，其主要原因就是心態有問題。一遇到困難，他們總是挑選最容易的辦法，甚至退回原點，總是說：「我不行了，我還是放棄吧！」結果使自己陷入失敗的深淵。成功者卻正好相反，他們一遇到困難，總是始終如一的保持積極的心態。他們總是以「我要！」、「我能！」、「我一定行！」等積極的念頭來不斷鼓勵自己。於是他們便能盡一切可能，不斷前進，直至走向成功。

成功的人大都以積極心態支配自己的人生，他們始終以積極的思考、樂觀的精神和豐富的經驗來支配和控制自己的人生；失敗的人則總是被過去的種種失敗和疑慮引導支配，他們空虛畏縮、悲觀失望、消極頹廢，因而最終走向了失敗。以積極心態支配自己人生的人，總是能積極樂觀的正確處理人生遇到的各種困難、矛盾和問題；以消極心態支配自己人生的人，總不願也不敢積極的解決人生所面對的各種問題、矛盾和困難。

我們經常聽人說，他們現在的境況是別人造成的，環境決定了他們的人生位置。這些人常說他們的想法無法改變。但事實上不是這樣的，他們的境況根本不是周圍環境造成的。說到底，如何看待人生，完全由我們自己決定。

維克多．法蘭克（Viktor Emil Frankl）是二戰時納粹德國某集中營的一位倖存者。他說：「在任何特定的環境中，人們還有一種最後的自由，那就是選擇自己的態度。」

總而言之，成功的要素其實掌握在我們自己的手中。成功是積極心態的結果。我們究竟能飛多高，並非完全由我們其他的因素決定，而是受我們自己的心態所制約的。我們的心態在很大程度上決定了我們人生的成敗。

良好的心態有助於我們成功

成功學家拿破崙．希爾（Napoleon Hill）曾說：「心態決定成功。」這是一個事實。如果心態積極，就能以某種方式把內心中最常出現的想法轉化成事實；如果一個人預期自己會失敗，他當然就會得此惡果；如果一個人總要在機會裡發現一些消極、負面的事，那麼他所做的事也無法積極順利的完成。

有一位心理學家為了研究心態對人的影響到底有多大，他做過一個實驗：

這位心理學家讓幾個學生穿過一間黑暗的房間。接著，心理學家打開房間裡的一盞燈，在昏黃的燈光下，當學生們看清楚房間的陳設後，不禁嚇出一身冷汗。

原來，這間房子的地面是一個很深很大的水池，池子裡蠕動著各種毒蛇，就在這蛇池的上方，搭著一座很窄的木橋，他們剛才就是從這座木橋走過來的。

當心理學家讓他們再次走過這座橋時，大家你看看我，我看看你，都沉默著不願主動過橋。

過了好一會兒，終於有三個學生猶豫的站了出來。其中一個學生一上去，就異常小心的挪動著雙腳，速度比第一次慢了好多倍；另一個學生戰戰兢兢的踩在小木橋上，身子不由自主的顫抖著，走到一半，就撐不住了；第三個學生乾脆彎下身來，慢慢的趴在小橋上爬了過去。

瞬間，房間裡又亮了幾盞燈。學生們揉揉眼睛再仔細看，發現在小橋的下方裝著一道顏色極暗淡的安全網，只是他們剛才都沒有看出來。

「你們當中還有誰願意通過這座小橋？」心理學家大聲的問。

仍舊沒有人作聲。

「你們為什麼不願意呢？」心理學家接著問道。

「這張安全網的品質可靠嗎？」學生們驚恐的說。

心理學家笑了：「我們的實驗結束了，這座橋本來不難走，可是橋下的毒蛇使你們有了心理壓力。於是，你們就失去了平靜的心態，亂了方寸，慌了手腳，表現出各種程度的膽怯。可見，心態對行為有很大的影響。」

的確，心態對人的行為有著極大影響。消極的心態只會產生消極的思想，而消極的思想一旦占據大腦，我們就會對即將要做的事情失去信心，導致無論做什麼事情都會失敗的惡果。

美國成功學家羅賓斯說過：「面對人生逆境或困惑時所持的信心，遠遠都比任何事來的重要。」

絕大多數失敗者如果能夠拋開失敗的想法、擺脫失敗的陰影，他們最終都將獲得成功。學會如何清除思想中的垃圾，拋開恐懼與焦慮，讓我們的思想充滿自信、活力與希望，是一門偉大的藝術。如果我們能夠掌握這門藝術，我們將能夠建立一種具有創造性的、積極的態度。有時，我們會不由自主的向外界展露出我們內心的真實想法，流露出我們的希望或是恐懼；而我們的名譽地位以及別人對自己的評價往往取決於我們成功與否。

※

星期六的早晨，一位作家正在準備次日用的講稿，妻子出去買東西了。

那天在下雨，他的小兒子吵鬧不休，令人討厭。最後，他在失望中拾起一本舊雜誌，一頁一頁的翻閱，直到翻到一幅色彩鮮豔的大圖畫——一幅世界地圖，他便從那本雜誌上撕下這一頁，再把它撕成碎片，丟在起居室的地上，對兒子說道：「約翰，如果你能拼好這些碎片，我就給你 2 角 5 分錢。」

作家以為這件事會使約翰花費掉上午的大部分時間，可是沒過 10 分鐘，就有人來敲門了。原來是他的兒子，手裡拿著一幅剛拼好的地圖。他驚愕的看到兒子如此之快的拼好了一幅世界地圖。

「孩子，你是怎麼這麼快就做好了這件事？」作家問道。

「啊，」小約翰說，「這很容易。在另一面有一個人的照片，我就照著這個人的照片拼到一起，然後把它翻過來。我想，如果這個人是正確的，那這個世界地圖也就是正確的。」

是啊，將小約翰的話引申一下，可以認為，要想改變世界，首先要改變自己，改變自己的心態，改變看事物的方法。

如果別人看到我們所流露出來的是一種消極、懦弱或是膽怯的思想，他們就不會將重要的職責託付給我們，這樣我們甚至不會得到表現自己的機會，更不要說獲得成功，那麼別人就永遠不會信任我們，崇拜我們。

我們可以在任何方面展現自己的信心、勇氣，或是一種大無畏的精神，而這樣的心態也將為我們帶來樂觀與進步，使我們向成功邁進。

在面對各種挑戰時，失敗的原因往往不是勢單力薄、智慧不足，或是沒有把整個局勢分析清楚，反而是在消極心態的影響下，把困難無限誇大，把結果看得極其糟糕，因此，不敢有任何行動。

一個控制不了自己心態的人，是一個不成熟的人。在困境中，如果我們只感到畏懼，那麼就會什麼也做不好，只有保持正面積極的心態，才能獲得成功。

挑戰自己，戰勝自卑

成功永遠屬於自信者，自卑者注定與成功無緣。人一旦感到自卑，就不能正常與人來往，導致人生失敗。自卑的人總是用別人的眼光來過低的評價和挑剔自己，把自己限制在一個劣於他人的境地，認為自己與世間那些美好的事物無緣，給自己設置一連串的「不可能」——不可能像他那樣出色，不可能有那樣大的作為，不可能取得那樣大的成功……而總是覺得自己渺小，從而不能正確的肯定和表現自己；自卑的人又總是把自己以外的世界看得過於神祕，過於玄妙，把別人——其中包括不如自己的人——預想得過於崇高、偉大。殊不知，世界上的人，比自己偉大的其實並不如自己想像的那樣多。

每個人或多或少都有自卑感，這是十分正常的。就整個人類社會而言，自卑感的產生是無條件的，因為人類社會總是向前發展，而人們總是不斷意識到自身的不足，再加上需求的無止境，所以人類永遠不會滿足於現狀，自卑感也就不會消失。

個人自卑感的形成則是受個人環境的影響。佛洛伊德（Sigmund Freud）認為童年經歷在一個人生理狀況、性格、志趣、思維方式等方面產生重大影響，而這些因素決定了一個人自卑的強烈程度。他認為童年經歷可能會隨著時光的流逝而變得模糊，但卻保存在潛意識中，對人的一生都有重大影響。一般來講，童年生活不幸的人更容易產生自卑感或自卑感更強烈。

但人的偉大之處就在於他能夠主動改變自己、超越自己。何況，沒有人能做到十全十美，只是大家表現的方式不同而已。

拿破崙·希爾把人們自卑感的表現方式分為以下幾種：

1. 膽小懦弱型：這種人面對競爭顯得畏首畏尾，不敢向前邁一步；處事小心翼翼，說話沒信心，認為自己凡事不如人，聽之順之；被人冒犯時，總忍氣吞聲，逆來順受。他們習慣於生活在自己的世界裡，不願與人交往，也害怕交往。
2. 逞強好鬥型：這種人和第一種剛好是兩個極端，當他自卑感十分強烈時，往往表現為好爭好鬥逞強。極易被激怒，語言尖銳刻薄，即使是一件小事也要大發一頓脾氣。
3. 滑稽幽默型：比起前兩種類型，這種類型最能讓人接受，他們往往透過滑稽的動作、幽默的語言來掩飾內心的自卑。
4. 逃避現實型：這種人喜歡用自我麻醉的方式來掩飾自卑，如借酒澆愁等。他們的生活在一般人看來是十分墮落和沉淪的，精神狀態也十分低靡。
5. 人云亦云型：沒有自己的觀點和主張，即使有，也害怕發表自己的意見和看法，害怕與別人有出入，他們總是力求與別人保持一致。別人提出什麼主張，不經思考就贊成同意。自卑心理不是頑疾，是不難克服的。當然這需要外界力量給予寬慰、鼓勵。更關鍵的是，自己心中要有自立自強的信心，有一種肯定會比別人做得更好的不服輸心理，這樣你就會明顯的看到自己的成績，看到自己的長處，長此以往，自卑就會像秋天的落葉悄無聲息的掉落了。

※

有一位名叫小穎的女孩，嫻靜漂亮，但總是愛躲在教室的一角。上課前，她早早的來到教室。下課時，她又總是最後一個離開教室。後來大家才知道，她的腿因為得了小兒麻痺症而殘疾，因此，在她的心裡，自卑感讓她不願意讓人看到她走路的姿勢，所以，她也一直不與同學來往。

一天，上課時，老師讓同學們走上講臺說一個小故事。輪到小穎演講的時候，全班四十多雙眼睛一齊投向那個角落，小穎立刻把頭低了下去。這位老師是剛調來的，還不了解她的情況，他就一直點小穎的名字。

她猶豫了好一會兒，最後才慢吞吞的站了起來。大家注意到，小穎的眼眶紅了。在全班同學的注視下，她終於一跛一跛的走上講臺。就在她剛剛站定的那一刻，不知是在誰的帶動下，驟然間響起了一陣掌聲。那掌聲熱烈、持久，在掌聲中，大家看到小穎的淚水流了下來。

掌聲漸漸平息，小穎也定了定情緒，開始講述她童年的一個小故事。她的國語說得很標準，聲音也十分動聽。當演講結束時，班裡又響起一陣掌聲。小穎很禮貌的向老師深鞠一躬，又向同學們深鞠一躬，然後，在掌聲裡一跛一跛的走下了講臺。

奇怪的是，自從那次演講以後，小穎就像變了一個人似的。她不再那麼憂鬱了，她和同學們一起玩樂、說笑，甚至有一次她還請同學們教她跳舞。後來，她的成績一直很好，尤其是數學和物理。高二那一年，她代表學校參加了奧林匹克物理競賽，還得了獎。

三年時光，匆匆而過。三年之後，小穎被一所國立大學破格錄取。後來，她寫信給學校說：「我永遠不會忘記那一次掌聲，因為它使我明白，同學們並沒有歧視我。我應該鼓起勇氣微笑著面對生活，那次掌聲給了我第二次生命……」

成功者之所以成功，不是因為他沒有受過這些消極因素的干擾，而他們成功的原因就在於他們能夠用意志和適當的科學方法擺脫它們的干擾，跳出陰影地帶。

戰勝自卑的方法大致有以下五種：

1. 實事求是的評價自我：擺脫完美主義的束縛，不要妄想十全十美，以一種平和的態度對待自己，承認自己的長處和不足。任何人都無法做到沒有一絲缺陷。或許你在這方面不如別人，但別人或許在另一方面不如你。所以，不要對自己要求過高，在過高的要求無法實現的時候，失敗感自然就會產生，自卑心理也不可避免。

2. 轉移注意力：在充分理解到自己的長處和短處後，就不要把注意力始終停留在自己的短處上。你停留的時間越長，陰影就越重。發揮你的長處，展現你的人生價值，更能讓你肯定自我，從而克服自卑。
3. 心理治療：自卑感太強則成為一種心理疾病，一般的自我心理調節可能作用不是很大，需要諮商師協助治療。具體的步驟是先透過對往事的回憶，找出產生自卑的原因，其目的是讓自卑者自己，突然意識到自卑的原因並不是情況很糟，而是由於潛意識中出現的心理障礙產生癥結。
4. 用行動找回自信：具體而言，主動找一些簡單並且比較容易成功的事情做，逐漸增強自信心。一個人產生自卑的另一個原因，是遭受挫折和失敗，所以，透過逐步獲得成功找回自信。自信多一點，自卑就相對的減少一點。
5. 補償法：這是一種最常見最有效的方法，主要透過自己努力奮鬥，在某一方面取得一定成就來補償生理上的缺陷或心理上的自卑感。偉大的音樂家貝多芬（Ludwig van Beethoven）就是很好的一個例子。在聽覺完全喪失的情況下，他仍克服困難創作了著名的《第 9 號交響曲》（*Symphony No. 9*）。

戰勝自卑的過程，其實也就是磨練心態、挑戰自我的過程。人們常說：「最大的敵人是自己」。而自卑卻是自己為自己設置的障礙，只有跨越這道門檻，你才能集中精力和鬥志從事別的事業。

微笑永遠是生活中的陽光雨露

微笑是一片花瓣，能帶給人美麗芳芬；微笑是朵浪花，使生活流淌歡暢；微笑是一串音符，能讓我們的人際關係優美和諧。

一位頂尖的推銷大師，在日本被譽為「推銷之神」的原一平，經過長期的苦練，他的笑已經到了爐火純青的地步，而他笑的藝術，則被人讚譽為「價值百萬美元的笑容」。

微笑是贏得客戶的關鍵之一。所以微笑是服務人員第一個重要的特質，永遠拿出一張笑臉，這樣會令對方感覺很好。

美國旅館業大王希爾頓（Conrad Hilton）於 1919 年把父親留給他的 12,000 美元連同自己賺來的幾千美元投資出去，開始了他雄心勃勃的經營旅館的生涯。

當他的資產奇蹟般的增值到幾千萬美元的時候，他欣喜而自豪的把這一成就告訴了母親。出乎意料的是，他的母親淡然的說：「依我看，你和以前根本沒有什麼兩樣……事實上你必須把握比 5,100 萬美元更值錢的東西：除了對顧客誠實之外，還要想辦法使來希爾頓旅館的人住過了還想再來住，你要想出這樣一種簡單、容易、不花本錢而行之久遠的辦法去吸引顧客。這樣你的旅館才有前途。」

經過了長時間的迷惘和摸索，希爾頓找到了具備母親說的「簡單、容易、不花本錢而行之久遠」四個條件的東西，那就是：微笑服務。

這一經營策略使希爾頓大獲成功，他每天對服務人員說的第一句話就是：「你對顧客微笑了沒有？」即使是在最困難的經濟蕭條時期，他也經常提醒員工們記住：「萬萬不可把我們心裡的愁雲擺在臉上，無論旅館本身遭受的困難如何，希爾頓旅館服務人員臉上的微笑永遠是屬於旅客的陽光。」就這樣，他們度過了最艱難的經濟蕭條時期，迎來希爾頓旅館業的黃金時代。

微笑是上帝賜給人的專利，是一種令人愉悅的表情。面對一個微笑著的人，我們會感到他的自信、友好，同時這種自信和友好也會感染我們，使我們油然而生出自信和友好來，從而和對方很快就會親切起來。

微笑是一種含義深遠的身體語言，微笑可以鼓勵對方的信心，微笑可以融化人們之間的陌生和隔閡。當然，這種微笑必須是真誠的，發自內心的。

微笑，是最好的交流工具。微笑是友好的標誌，是融合的橋樑。微笑可以化干戈為玉帛，協調人與人之間的關係，更可以創造快樂的氣氛。那些不懂得利用微笑價值的人，實在是很不幸。要知道，微笑在社交中是能發揮極大效果的。

無論在家裡、在辦公室，甚至在途中遇見朋友，只要我們隨身帶上微笑的習慣，肯定會獲得意想不到的良好效果。正如英國諺語所說：「一副好的臉孔就是一封介紹信。」微笑，將為你打開通向友誼之門，如果我們想要發展良好的人際關係，建立積極的心態，那麼就必須養成微笑的習慣。

人與人相處，微笑就是我們美麗的外衣，我們的笑容就是我們如意的信差，能照亮所有看到它的人。要上班時，對大樓門口的電梯管理員微笑；跟警衛微笑，跟同事微笑，跟上司微笑。

沒有什麼東西能比一個陽光燦爛的微笑更能打動人的了。微笑具有神奇的魔力，蘊含著震撼人心的力量，它能夠化解人與人之間的寒冰；微笑也是我們身心健康和家庭幸福的標誌。

微笑，永遠是我們生活中的陽光雨露，它能讓我們魅力四射，閃現出美麗的光芒。要學會自己微笑，它可以改變我們的命運和世界。記住一點：微笑不僅僅是為了別人，更是為了自己，面對生活，我們應該微笑。

※

百貨公司裡，有個窮苦的婦人，帶著一個約四歲的男孩在閒逛。走到一架快照機旁，孩子拉著媽媽的手說：「媽媽，讓我照一張相吧。」媽媽彎下腰，把孩子額前的頭髮攏在一旁，很慈祥的說：「不要照了，你的衣服太舊了。」孩子沉默了片刻，抬起頭來說：「可是，媽媽，我仍會面帶微笑的。」

如果我們在生活的快照機前也像那個貧窮的小男孩一樣，穿著破爛的衣服，一無所有，自己能坦然而從容的微笑嗎？

面對親人，我們的一個微笑，能夠使他們體會到，在這個世界上，還有另外一個人和他們心心相連；面對朋友，我們的微笑，能夠使他們體會出世界上除了親情，還有同樣溫暖的友情；走遍世界，微笑是通用的護照；走遍全球，陽光雨露般的微笑是你暢行無阻的通行證。

不僅如此，笑，還是一種神奇的藥方，它能醫治許多疾病，並具有強身健體的醫療功能。病理學家告訴我們，精神病患者很少笑，一個人有疾病或者有其他煩惱，那他也不會打從心底發出笑聲。

甜甜的微笑，不需要我們付出多大的代價，卻能給我們帶來意想不到的巨大成功。

你離成功有多遠？

■ 測驗攻略

測驗意義：★★★★

準確指數：★★

測驗時間：12 分鐘

■ 測驗情景

在事業上，每個人都想取得成就，可為什麼成功的是他而不是你呢？你離成功還有哪些距離呢？你對於成功是一種什麼樣的態度呢？

■ 測驗問答

1. 你認為一個人在事業上的成功，主要取決於：

   A. 命運和機遇。

   B. 自身奮鬥。

   C. 兩樣都有。

2. 當你在工作上遇到困難時，你會：

   A. 想辦法自己解決。

   B. 選擇逃避。

   C. 求助他人。

3. 對於失敗，你的理解是：

A. 羞辱、挫折。

B. 不巧，偏偏選中你。

C. 是一個教訓。

4. 以下哪種工作你最嚮往：

A. 輕輕鬆鬆下午 5 時下班。

B. 新奇刺激，充滿挑戰。

C. 有權有勢做統帥。

5. 你現在的工作態度是：

A. 要出人頭地。

B. 做得和大家差不多就行了。

C. 做得比別人好一點點。

6. 你所在部門剛好有一個管理職位的空缺，你認為自己可以勝任，你會：

A. 當仁不讓，積極爭取。

B. 等上司欽點。

C. 有做就做，沒有做就算了。

7. 公司突然停電，你會：

A. 幫忙查明停電原因並想法解決。

B. 等人維修後再繼續工作。

C. 反正停電，不如出去休息。

8. 你在公司暗戀的對象被人追求，你會：

A. 當沒事發生。

B. 要把心愛的人搶到手。

C. 另選第二個目標。

9.「要贏人，先要贏自己」，你認為：

A. 是真理。

B. 未必人人做到。

C. 十分老套。

10. 你認為開車應該：

A. 有多快開多快，享受高速的快感。

B. 只不過開車而已。

C. 悠遊看風景。

■ 測驗解析

得分表

題號	A	B	C	題號	A	B	C
1	1	3	2	6	3	2	1
2	3	1	2	7	3	2	1
3	1	2	3	8	1	3	2
4	1	3	2	9	3	2	1
5	3	1	2	10	3	1	2

16 分以下，比較安於現狀，暫時沒有想到什麼會讓你成功。

你比較安於現狀，不習慣接受新事物、新挑戰。即使現實生活中需要你做出抉擇時，你不是猶豫不決就是退避三舍。雖然成就欲和積極性都欠缺，但你甘於接受簡單易做的工作，並自得其樂。

16 ～ 23 分，野心不大，尚算積極。

你在實現一個目標時，有一定的積極性，但卻缺乏毅力和主動性。當追求的目標一旦實現時，你就會停手。所以，你很容易滿足，也沒有太大的野心，只是感到面臨危機時，你才會著手計畫下一步行動。

23 分以上，離成功已經不遠。

在你心目中已經有了遠大的目標，為了實現理想你會堅持不懈，即使遇到困難挫折也不會罷手。你同時具備積極性和成就欲，由於你充滿自信，故任何事在你眼中都是輕而易舉的，但小心自視過高會弄巧成拙，你應該聽過「聰明反被聰明誤」的說法，所以凡事都要適可而止。

■ 測驗結論

在這個社會裡，許多人一旦遭到失敗便怨天尤人。你與其整天抱怨，還不如想一下自己失敗的原因。成功往往是要付出代價的，他可能是你辛勤的汗水，你甜蜜的愛情，你安逸的生活，可能有的人認為這代價也太多了，但是，這也是成功的魅力所在，而你想要成功就一定要付出。

Chapter2

信念的神奇力量

信念是心靈無限的潛能，信念是一種力量，信念是事業成功的資本，信念能排除各種障礙，克服種種困難。堅定的信念，便是偉大成功的源泉。無論才幹大小，天資高低，成功都來自於堅定的信念。

不要把自身意志強加到別人身上

要想實現自己的目標，我們就必須對宇宙能量施加積極的、善意的影響，而不是給別人、物體和宇宙能量施加威脅性的影響。

我們不能妄圖把自身意志強加在別人身上，實際上，我們也沒有權利這麼做。強迫其他人去做我們希望他們去做的事是不對的。

以自身意志去強迫別人，和透過武力強迫別人一樣，都是罪大惡極的錯誤行為。如果以武力強迫別人為我們做事是一種奴役別人的行為，透過心智的力量去這麼做，同樣也是企圖奴役別人；如果以武力搶奪他人的物品，是一種強盜行為，透過心智的力量這麼做，也同樣是強盜的行為，因為這兩種行為從根本上來說基本上沒有任何差別。

沒有人有權把自己的意志力強加在他人身上，即使是「為他好」也不可以，這是因為沒有人真正明白怎樣做才真的對別人有好處。行事的時候，我們絲毫沒有必要以任何方式把任何力量強加在任何人身上。實際上，當我們企圖把自身意志強加在別人身上的時候，我們自己反而會無法達成目的。

就像我們不需要運用自身意志強求太陽升起一樣，我們根本不需要強求造物主賜給你美好的事物。我們根本無須強求任何事物符合我們的意志。希望整個世界的所有事物都聽從自我的指揮和調遣是十分愚蠢的行為。這種想法只會讓我們的思想變得貧乏平庸。

實際上，想要成功，只要把意志力運用在自己身上即可。而當你了解到應該怎麼想、怎麼做的時候，就必須運用意志力要求自己去那麼想、那麼做。這才是使用意志力的正確方式：讓自己沿著正確的方向前進。

※

艾米總是向父親抱怨她的生活艱辛。她不知該以何種態度來面對生活中的困擾，於是她想要自暴自棄。她已厭倦與困難抗爭的生活，因為生活中的問題屢屢發生，似乎從不間斷。艾米的父親是一位廚師，一天，他把她帶進廚房。他分別在三個鍋裡倒入一些水，然後放在瓦斯爐上。不久，鍋裡的水燒開了。他將胡蘿蔔放進了第一個鍋裡，雞蛋放進了第二個鍋裡，最後一鍋水用來煮咖啡。整個過程，艾米的父親沒有說一句話。

艾米不耐煩的看著父親的一舉一動。20 分鐘過後，父親熄滅火，將煮熟的胡蘿蔔撈出放入一個碗內，雞蛋放入另一個碗內，咖啡倒進了一個杯子裡。然後，他轉身看著不耐煩的女兒說：「親愛的，你看見什麼了？」

艾米無精打采的說：「煮熟的胡蘿蔔、雞蛋、咖啡啊！有什麼稀奇的？」

他讓女兒靠近些並用手去摸胡蘿蔔。艾米驚呼道：「爸爸，胡蘿蔔變軟了。」父親又讓艾米將那顆蛋的蛋殼剝掉，她看到的是煮熟的雞蛋。最後，父親讓她品嘗了煮熟的咖啡。艾米貪婪的享受著咖啡的香濃，剎那間露出了笑容。她小聲問道：「爸爸，這意味著什麼？」

父親告訴艾米說：「胡蘿蔔、雞蛋、咖啡這三樣東西面臨同樣的逆境 —— 煮沸的開水，可態度卻截然不同：胡蘿蔔尚未入鍋之前生硬、結實，不向逆境低頭，而進入開水後就變軟了，向逆境妥協了；再看雞蛋，沒下鍋之前易破碎，而經開水一煮就變硬了，也隨著堅強起來了；咖啡豆就更獨特了，被沸水沖過後，它們不但沒有失去自己的本色，反而改變了水。其實，你也完全可以屈服於環境，也可以改變環境，關鍵取決於你對困難所持有的態度。」

※

真金不怕火煉，真正英雄不怕遭遇挫折。沒有經歷過失敗的人生不是完整的人生。巴爾札克（Honoré de Balzac）曾說過：「挫折和不幸，是天才的進身之階；信徒的洗禮之水；能人的無價之寶；弱者的無底深淵。」所以說，禁得起困難洗禮的人才是真正的英雄，成功屬於他們。

沒有挫折的考驗，就不會有真正的英雄。正因為有挫折，才會展現出勇士與懦夫的區別。

一切成功的起點都是欲望，但在將欲望變為成功的過程中，堅韌的意志是人最重要的特點之一。大凡成功者，都能夠冷靜的面對事業進展過程中每一個關鍵時刻而已。正是因為這一點，他們才能在困難的形勢下，穩健的追求著自己的夢想。

而有些人卻缺乏這樣的個性，他們總是欲望強烈，而意志脆弱。所以，每當遇到不利於自己的局勢，就會聽任脆弱的意志擺弄，直到他所追求的目標成為記憶中一個遙遠的影子。

不過，人性中這種弱點是可以彌補的，例如強烈的欲望就可以補救意志的脆弱。如果發現自己的意志正在遭受困難的挑戰，我們不妨有意識燃起欲望的火焰以激勵自己的意志。

堅韌的意志屬於人性中後天的成分，是可以培養的，包括以下四個步驟。

第一，在確定志向的基礎上，不停的激勵自己；

第二，制定一份切實的計畫，使自己追求成功的行動永不停止；

第三，不受外界一切消極因素的影響；

第四，與鼓勵我們和相信我們的人互相幫助。

如果我們這樣做，我們就會發現，自己的身上將產生一種連我們自己都感到奇怪的神祕力量，它既可以使我們振奮起來，又能使困難在我們面前低頭。

冠軍永遠都是那些百折不撓、被打倒了還會再爬起來的人。一次、兩次不成，就再試幾次。能不能成功，全看我們能否堅持到底。多數人沒有達到目標，原因就在於不能堅持。百折不撓的意志力，才是成功人生的必備條件。

總體來說，成功的步驟就是：用我們的心靈描繪我們所想得到的一切，以信念和決心來支持這個願景，然後運用意志力，讓心靈能按照正確的方式行事。

我們抱持的信念和決心越穩定，越持久，就能越快成功；因為這樣你對宇宙能量傳送的便全部是正面的資訊，並隔絕了你和宇宙能量之間的負面資訊。

無形的宇宙能量會接收我們描繪的畫面，並把這畫面散布到廣大的宇宙中去。當這些資訊傳播開來，萬物都會為它的實現開始運作。一切力量都朝這個方向匯聚起來，一切萬物都開始朝我們湧來。

我們應該明白，美好信念的形成在很大程度上，取決於我們經常關心和思考的對象。因此，我們必須讓自己的注意力始終集中在那些積極的正面的美好事物上。

自信可以克服萬難

每個人都渴望成功，也都迫切渴望獲得一些美好的事物。每個人都希望能主宰自己的人生，誰也不甘願討好別人，整天過著一種平庸的生活，也沒有誰情願自己窮忙一生。

拿破崙．希爾說過這樣的話：「心存疑慮，就會失敗；相信勝利，必定成功。相信自己能移山的人，會成就事業，認為自己無能的人，一輩子一事無成。」

相信自己就是自信，自信可以克服萬難。自信可以讓自己從內心真正的喜歡自己、欣賞自己，讓自己活得自在。自信創造奇蹟，自信是生命和力量的基石，自信是創立事業之本。

自信心如同能力的催化劑，它能將人的所有潛能都激發出來，將其推進到最佳狀態。自信心是「我不行」這一毒素的解藥，它是一種信念，一種意志。相信自己，你認為自己有多重要就有多重要。

自信，要以自己的實力為後盾。自信不是無根之母，不能是盲目自信。

※

當代著名學者、作家，被稱為「文化崑崙」的錢鐘書生前是以狂傲出名的，人稱「狂人」錢鐘書。當年錢鐘書從大學畢業的時候，當時系裡想招他為研究生，並派很多老教授去遊說，結果，錢鐘書一一駁回了，他說：「沒人配當我錢某的導師。」但是錢鐘書自己卻覺得，他不是狂，是狷。正是因為對自己有充分的自信，他才會在文學的世界裡自由的遊走，寫出了《圍城》這樣的經典小說。

當代世界著名的足球教練，現任義大利國際米蘭隊的主教練穆里尼奥（Jose Mourinho），個性也非常狂傲。他曾自詡為上帝第二，可以說是超級自信。然而，在他至今為止的教練生涯中，可謂榮譽無數。他所帶領的球隊奪得了包括歐冠冠軍、聯盟盃冠軍、義甲聯賽的冠軍、英超聯賽的冠軍在內的多項榮譽，他雖在媒體或者大眾場合時有狂妄舉動，但是在教練工作中，他以自己嚴謹的教練思路，充足的賽前準備贏得了自己事業的高峰。而到目前為止，仍有西班牙皇家馬德里這樣的球隊向他拋出了橄欖枝。這樣自信滿滿，充滿力量，讓人不由得震驚和佩服！

這些狂人，讓我們明白，張揚有時候也是一種美！有學問有道行的人，也可以用狂放的方式表達自己，或許這也正是他們的可愛之處。

我們要懂得，自信是建立在實力的基礎之上的。沒有任何特長、盲目的狂放，最後的結局只能是失敗。為此，我們要不斷的打磨自己，將自己鍛造成一塊璞玉，有著光潤的內在，能長久的發光。我們要積極的應對學習生活中的問題，在失敗之後能爬起來堅定的自信。

古往今來，自信的人，當別人對他蓄意、惡意批評時，他能夠坦然面對，適時的調整得很好而不致受到太大的影響。

對於影迷來說，周星馳這個名字可謂家喻戶曉，不管是《千王之王 2000》還是《喜劇之王》，周星馳那非邏輯性和帶有神經質的演技，還有他那誇張詼諧的「無厘頭」搞笑，令他在短暫的時間裡爆紅，成為影壇不可多得的頂級搞怪明星，一下子由「星仔」變成了「星爺」。但是他的一生就像一場喜劇，從最初的跑龍套開始，便屢受挫折，遭受了無數的打擊和失敗，不過他始終堅信自己的一句話:「我是一個專業的演員。」甚至他在被人呵斥「連龍套都跑不好」的時候，也不忘這個信念。他每天去學習、去改正、去嘗試、去表現，每天都閱讀《演員的自我修養》（*An Actor Prepares*）。他自信自己就是一個專業的演員，當所有的失敗都無法挫滅他內心的信心時，失敗退卻了。人生就是一場戲，只要我們認真投入，相信自己，沒有什麼可以阻擋住我們。

人生短暫，多一份自信，我們的人生路上就會灑滿燦爛的陽光，我們便與希望結伴同行，一步步的走向成功的峰頂。

堅信自己的人，往往能在平凡的生活中做出不平凡的事情來。相反，膽怯、意志不堅定者往往即使才華橫溢、天賦優良、品格高尚，也難以獲取巨大的成就。拿破崙幾乎每次親率軍隊作戰時，戰鬥力都會大有所增。因為，一支隊伍的戰鬥力，在很大程度上與士兵對於統帥的敬仰和信心密切相關。如果統帥猶豫不決，全軍很容易混亂，成為一盤散沙。而正是拿破崙那種絕對意義上的自信，鼓舞和增加了他的軍隊，打贏了很多漂亮的戰役。

可見，戰鬥力與金錢、勢力、出身、親友相比，無疑，自信是更具有力量的東西。自信是人們從事任何事業最強大的靠山，擁有自信心，會最大程度的縮小難度，克服掉重重障礙，獲得事業完美的成功。擁有自信心的人，他們外表看上去開朗、活潑，給人一種陽光的氣息，這種人內心往往也是最先感知自己的魅力並且相信自己能力的人。

自信，有時候也表現為一種低調和謙和。有這樣一個哲理故事：

寺院裡接納了一個 16 歲的流浪兒，灰頭土臉的流浪兒經沐浴變成了一個乾淨的小沙彌。這一天，法師送一盆含苞待放的夜來香給這位小沙彌，讓他當值的時候，注意一下花卉的生長情況。第二天早晨，沒等法師叫他，他就欣喜的跑來，對法師說：「您送給我的這盆花太奇妙了！它晚上開放，清香四溢，美不勝收。可是一到早晨，它又收起了它的香花芳蕊……」真正有自信有能力的人就像這美麗的花朵，開放時吐露芬芳，收起時安靜內斂。他們的成功如此有涵養，又如此低調和謙和。

※

自信不表現在名牌服飾、時髦髮型，自信是心靈的展現，是不需要透過外在的東西來證明的。自信是對自我修練的肯定，是對自我靈魂的正確評價。想要獲得自己，就是要不斷的充實自己，改變自己的弱點，不斷的在社會中磨礪，並能在磨礪中成長起來，那樣我們就有了自信了。

目標專一，全力以赴

在我們的頭腦中，願景包括的應該都是美好的願望。只有這樣，我們才能帶給自己積極的暗示和影響。我們的意志越堅強，信念越堅定，前景也就越明朗，我們就能越快達成自己的願望。

我們想要得到什麼，就應該關心什麼，而不是關心它的反面。所以，如果我們要健康就不要去思考疾病；我們要正義就不應該關心邪惡；同樣，我們要成功就不能去關心失敗。

生活中我們常常能夠看到，同樣有目標的人，有的人成功了，有的人卻失敗了。這是什麼原因呢？那是因為在為一件事做準備時，不但要制定明確的目標，更重要的是要始終專注於這個目標，不能因為其他事情的出現而分散自己的注意力。如果我們今天想成為一名行銷高手，明天想成為一名管理學專家，後天又想當一名出色的設計師。最終的結果只能是得不償失，我們的準備工作很可能前功盡棄。這樣，顯然無法把接下來本應該做得很好的工作完成得令人滿意。我們要相信這樣一句話：「一個好獵手的眼中只有獵物。」

※

在茫茫的大草原上，有一位獵人和三個兒子。這天老獵人要帶三個兒子去草原上獵野兔。一切準備得當，四個人來到草原上，這時老獵人向三個兒子提出一個問題：「你們看到了什麼？」

老大回答道：「我看到了我們手裡的獵槍，草原上奔跑的野兔，還有一望無垠的草原。」

父親搖搖頭說：「不對。」

老二的回答是：「我看到了爸爸、大哥、弟弟、獵槍、野兔，還有茫茫無垠的草原。」

父親又搖搖頭說：「不對。」

老三的回答只有一句話：「我只看到了野兔。」

這時父親才說：「你答對了。」

果然，這天老三打到的獵物最多。

目標要專一，不能游移不定。眼中只有獵物的老三能獵到最多獵物就是最好的佐證。但事實證明，大多數人都有一個共同的悲哀：他們今天是這樣一個目標，明天就是那樣一個目標，後天又是一個目標，目標游移不定，最後一事無成。

目標游移不定，實際上是沒有目標。如果說他們有目標，那只稱得上是短期目標。

※

有位年輕人，他每次下田用犁耕作時，由於沒有經驗，所以走得歪歪斜斜，他的父親告訴他：「你應該選定一個目標，然後朝著目標走，這樣就不會歪了。」於是，他以遠處的另一頭牛作為目標，他想應該沒有問題了，但是耕出來的田仍然不直。這時他父親又說：「第一次是你缺乏目標，所以不直。第二次是錯在目標的移動，當然就會走歪，所以，你應該找一個固定的目標，並且要看準這個目標才行。」第三次，他選擇了遠方的一棵樹作為目標，果然犁出來的田直直的。

因此，如果目標游移不定，實際上就是三心二意，這不但會消耗精力，而且也浪費青春，最終是竹籃打水一場空。一位女大學生訴說她的苦惱：

第一次考大學，她考上了私立大學，學校雖不錯，可對那個科系沒興趣，不到一年她退了學，她想重讀再考國立大學。第二次，她雖然考上了大學，可不是國立大學，這次雖然科系不錯，可是她又認為這個學校沒名氣，太差了，她又想退學再考，母親知道後堅決不同意她退學，為此，她感到很苦惱。

從女孩的經歷中我們可以確定，我們必須設定一個固定目標，這個目標必須是清晰而切實可行的，而不是虛無縹緲的。目標一旦確定，就要付諸行動，並執著的為之追求。

※

「周杰倫」這三個字在很多年輕人心目中已經成為了一種信仰，現在的他，遊走在自己的音樂世界裡，盡情的揮灑著自己的音樂才華，他的「酷」和特立獨行已經成為了一種時尚的標誌。殊不知，在成功的背後，周杰倫也付出了沉重的代價。

在周杰倫的少年時代，他的家庭變故，使他的心靈留下了很深的創傷。媽媽獨立把他養大，還培養他學習鋼琴。中學畢業後，因為家境不佳不得不去當服務生，後來，因為參加電視臺的一個選秀新人的節目，才被著名藝人吳宗憲發掘到他的唱片公司發展。一開始，周杰倫創作了很多歌曲，吳宗憲把這些歌曲推薦給了張惠妹、劉德華等歌手演唱，但是這些歌手並沒有採用。他一次次的面對著冰冷的牆壁發呆，想像著自己落魄的樣子。但是即使這樣，他回想著一路成長中的種種艱難，那些嘲笑和白眼，他才知道，夢想是真的一直留存在他的心裡，他發誓，一定要堅持自己的音樂夢想，堅定的走下去。那夢想已然成為了他的一種信仰，不能終止的靈魂追求。終於，在背水一戰之後，周杰倫自己作詞作曲的第一張專輯《杰倫》一上市便被搶購一空，他成功了。

是的，我們在堅持夢想的道路上，或許都曾遭受過或者將會繼續遭受很多的白眼和嘲弄。我們會一遍遍的詢問自己：我真的可以嗎？這時候，要學習周杰倫的精神，繼續走下去。嘲弄我們的人最終看到的或許只能是我們成功的瀟灑背影。

著名導演李安在成名之前，大約從 1983 年起，經過了 6 年多的漫長而無望的等待，大多數時候都是幫劇組看器材、做點剪輯助理劇務之類的雜事。最痛苦的經歷是，曾經拿著一個劇本，兩個星期跑了三十多家公司，一次次面對別人的白眼和拒絕。那時候，李安已經將近 30 歲了。古人說：「三十而立。」而他連自己的生活都還沒辦法自立，李安無數次的思慮：「怎麼辦？繼續等待，還是就此放棄心中的電影夢？」

那個時候，李安除了看電影、寫劇本外，還包攬了所有家務事，負責買菜做飯帶孩子，將家裡收拾得乾乾淨淨。他常常在做好晚餐後，跟兒子坐在門口，一邊講故事給兒子聽，一邊等待「英勇的獵人媽媽帶著獵物（生活費）回家。」然而，就是這麼無望的等待，都沒能阻止李安繼續自己的電影夢想。皇天不負有心人，後來，李安的劇本得到基金會的贊助，開始自己拿起攝影機，再到後來，一些電影開始在國際上獲獎。現在的他，已然是國際大導演，憑藉《斷背山》拿到了奧斯卡小金人。正是在最黑暗時刻的堅守，永不放棄的電影夢想，支持出了一個優秀的導演。也讓我們明白了在黑暗中堅守夢想的可貴。

當夢想成為信仰，那些曾經的或者正在經受的遺憾、挫折、失敗都不會令我們感到絕望，我們擁有過更多的只會是對未來更多的期許和更熱切的期盼。那矢志不移的夢想追求，怎麼會經受不住一時的失意呢？人生只要有固定的目標，堅持不懈，鍥而不捨，就有可能成功。目標不能游移不定。每個人面對目標都不能二心二意，誰隨便對待自己的人生，人生自然不會順遂，到時候只會落得個「老大徒傷悲」的結局。

鎖定目標就是我們朝著自己確定的目標前進。這個目標是固定的，不是三心二意的，而且還是一個較高層次的。但鎖定目標，並不是說你一生就只能有這個目標，如果我們今後感覺這個目標不適合於自己，或自己有更高層次的目標，我們可以更改。

因此，人生一件很重要的事就是，你要學會制定目標，如果實踐後發現這個目標是對的，就要為之全力以赴；如果你的目標是錯的，不合時宜的，就要去更改。只有這樣，我們才會成為一個真正出色的人。

永遠不說不可能

年輕沒有失敗，因為年輕，永遠不說不可能。挫折絕不等於失敗。遇到困境，要勇於面對它，並且戰勝它，這才是正確的人生態度。我們應該明白，任何成功的人在到達成功之前，均遭遇過不同程度的失敗。愛默生（Ralph Waldo Emerson）說過：「我們的力量來自於我們的軟弱，直到我們被戳、被刺，甚至被傷害到疼痛的程度時，才會喚醒飽藏著神祕力量的憤怒。偉大的人物總是願意被當做小人物看待，當他坐在占有優勢的椅子中時，才昏昏睡去。當他被搖醒、被折磨、被擊敗時，便有機會可以學習一些東西了。此時他必須運用自己的智慧，發揮他的剛毅精神，他會了解事實真相，從他的無知中學習經驗，治療好他的自負精神病。最後，他會調整自己並且學到真正的技巧。」或許我們不是什麼偉大的人，但是我們可以擁有偉人的精神，經歷過挫折，但永遠不說不可能。

愛迪生（Edison）經歷過一萬多次的失敗，才發明了燈泡。而沙克（Jonas Salk）也是在實驗了無數次，才培育出小兒麻痺疫苗。困難之下，我們覺得就要失敗了，永遠不可能成功了。但是有太多的例證告訴我們事實恰好相反。

溫特沃思・米勒（Wentworth Miller）在讀小學的時候，曾經跟父親一起觀看過一部關於「二戰」的影片，從此他愛上了演員這個職業，從普林斯頓大學畢業後，他選擇進入好萊塢做一名演員。然而剛開始的一年裡，沒有一個劇組給過米勒機會。他常常需要幫別人打雜來維持基本的生活。在多年的歷練中，他更加深深的明白了什麼是生活，明白自己真正需要的是什麼。

是的，一個經過十年還在守著一個夢想，可是卻看不到希望的人的確少見，甚至有人勸他離開好萊塢。終於，2003 年，他出演了《人性汙點》（*The Human Stain*），他和奧斯卡影帝安東尼・霍普金斯（Anthony Hopkins）分別飾演了斯爾克這個人物的青年和老年。本以為憑藉這個角色，他的人生會出現轉機，可是到最後，他還是陷入了天天試鏡的困境之中。這時候，一向支持米勒的老父親，也開始勸他別做夢了，也許演員這個職業不適合他。

然而，米勒說什麼也不肯放棄，他堅信前面一定有光明在等著自己，他的心中一直存有夢想，他不相信自己不可能會一直這樣下去。也許命運之神正是因為看到了他的不肯放棄，才終於對他揮了揮手。最後，他在《越獄風雲》（*Prison Break*）中出演了麥可・史考菲，米勒一夜之間成為了全球最受歡迎的男演員。那漫長的十年堅守，終於換得了最後的成功。

在米勒的字典裡，沒有「不可能」三個字，在他的心中，一直存留著自己最初的夢想，這讓我們深深欽羨。或許應當說，逆境與憂苦，能拓展我們的視野。在那樣的困境裡，會有豐盛的經驗，新鮮的歡愉，不息的奔湧而去。有太多人不到窮苦潦倒，不會發現自己的力量。某些「災難」的折磨，足以助我們發現「自己」。被人譽為「樂聖」的德國作曲家貝多芬，一生遭遇了說不清的磨難困苦，後來雙耳失聰，然而，他勇敢的扼住了命運的咽喉，奏出了生命的「第五交響曲」，這正如他給一位公爵的信中所說：「公爵，你只所以成為公爵，只是由於偶然的出身，而我成為貝多芬，可是靠我自己。」今天我們很難想像那些「不可能」怎麼會出現在貝多芬的身上，然而事實是無法更改的。貝多芬在他短暫的生命裡，向我們詮釋了一種執著，一種永遠向困難說「不」的傲氣。他只朝著夢想，向著夢想，積極、不知疲倦的行動，行動，再行動。

年輕的我們，明白生活中的那些堅毅，那些付出，那些暗夜裡追問和猶疑，都不能阻止夢想的生長，因為有夢想，因為相信自己不可能永遠活在黑暗中，我們才會奮力的抓住一切可能的機會，付出光陰，付出努力，甚至付出生命，這種付出，代表的是最高貴的靈魂追求。或許從另一個角度說，一個人的一生中不論經過多少的痛苦，多少的失敗，但是只要最終是成功的，這一切又算得了什麼呢？把因挫折沮喪帶來的不快樂、把「不可能」之類的言辭丟掉吧！年輕的我們，在追尋夢想的道路上，永遠不說不可能。

自信是成功的第一祕訣

事業成功不是一夜之間就成的，它是一個循序漸進的過程。所有成功的一個原始的出發點來自於一個想法，那就是別人行，我也肯定行。而且經過一段時間，當我們獲得幾次成功之後，我們就會想，別人不行我也行，我為什麼總是要跟著別人學，我完全可以讓他們跟著我來學。

愛默生說：「自信是成功的第一祕訣。」自信能夠產生一種巨大的力量，它能推動我們走向成功。自信是成大事者的心燈。

美國學者查爾斯（Charles Templeton）12 歲時，在一個細雨霏霏的星期天下午，在紙上胡亂畫，畫了一幅菲力貓，它是大家所喜歡的喜劇連環漫畫上的角色。他把圖畫拿給了父親。當時這樣做有點魯莽，因為每到星期天下午，父親就拿著一大堆書籍和一袋無花果獨自躲到他們家的客廳裡，關上門去忙他的事。他不喜歡有人打擾。

但這個星期天下午，他卻把報紙放到一邊，仔細的看著這幅畫。「棒極了，查爾斯，這畫是你親手畫的嗎？」「是的。」父親認真打量著畫，點著頭表示讚賞，查爾斯在一邊激動得全身發抖。父親幾乎從沒說過讚美的話，很少鼓勵他們五兄妹。他把畫還給查爾斯，說：「在繪畫上你很有天賦，堅持下去！」

從那天起，查爾斯看見什麼就畫什麼，把練習本都畫滿了，對老師所教的東西毫不在乎。

父親離家後，查爾斯只有自己想辦法過日子，並時常給他寄去一些認為吸引他的素描畫並眼巴巴的等著他的回信。父親很少寫信，但當他回信時，其中的任何讚美都讓查爾斯興奮幾個星期，他相信自己將來一定會有所成就。

在美國經濟大蕭條那段最困難時期，父親去世了，除了福利金，查爾斯沒有別的經濟收入，他 17 歲時只好離開學校。受到父親生前話語的鼓勵，他畫了三幅畫，畫的都是多倫多楓葉隊（Toronto Maple Leafs）裡聲名大噪的「少年隊員」，其中有瓊・普里穆、哈爾維、「二流球手」傑克森和查克・康納徹，並且在沒有合約的情況下把畫交給了當時多倫多《環球郵報》的體育編輯麥可・洛登，第二天麥可・洛登便僱用了查爾斯。在以後的四年裡，查爾斯每天都給《環球郵報》體育版畫一幅畫。那是查爾斯的第一份工作。

查爾斯到了 55 歲時還沒寫過小說，也沒打算過這樣做。在向一個國際財團申請有線電視網執照時，他才有了這樣的想法。當時，一個在管理部門的朋友打電話來，說他的申請可能被拒絕，查爾斯突然面臨著這樣一個問題：「我今後怎麼辦？」查閱了一些卷宗後，查爾斯偶爾用潦草的字體，以十幾句文字寫下了一部電影的基本情節。他在辦公室裡靜靜的坐了一會兒，思索著是否該把這項工作繼續下去，最後他拿起話筒，給他的朋友、小說家阿瑟．黑利（Arthur Hailey）打了個電話。

「阿瑟，」查爾斯說，「我有一個自認為不尋常的想法，我準備把它寫成電影。我怎樣才能把它交到某個經紀人或製片商，或是任何能使它拍成電影的人手裡？」「查爾斯，這條路成功的機會幾乎等於零。即使你找到某人採用你的想法並把它變為現實，我猜想你的這個故事大概所得的報酬也不會很大。你確信那真是個不同尋常的想法嗎？」「是的。」「那麼，如果你確信，哦，提醒你，你一定要確信，為它押上一年時間的賭注。把它寫成小說，如果你能做到這一點，你會從小說中得到收入，如果很成功，你就能把它賣給製片商，得到更多的錢。」查爾斯放下話筒，開始問自己：「我有寫小說的天賦和耐心嗎？」他沉思後，對自己越來越有信心。他開始自己進行調查、安排情節、描寫人物……為它賭上了一年還要多的時間。

一年又三個月後，小說完成了，在加拿大的麥克萊蘭和斯圖爾特公司，在美國的西蒙公司、舒斯特和艾瑪袖珍圖書公司，在英國、義大利、荷蘭、日本和阿根廷這部小說均得到出版。結果，它被拍成電影——《綁架總統》（*The Kidnapping of the President*），由威廉．薛特納（William Shatner）、哈爾．霍爾布魯克（Hal Holbrook）、愛娃．嘉德納（Ava Gardner）和范．強森（Van Johnson）主演。此後，查爾斯又寫了五部小說。

假如我們擁有自信，就會獲得比我們的夢想多得多的成功。

Chapter2　信念的神奇力量

我們常會見到這樣的人，他們總是對自己所在的環境不滿意，由此產生了苦惱。例如：一個學生沒有考上理想的學校，覺得自己比不上別人，很自卑。心裡已經靜不下來讀書了，一天天心不在焉的混日子。

有的人對自己的工作不滿意，認為薪水少、職位低，比不上別人，心裡又是自卑，又是消沉，天天懶洋洋的，做什麼也打不起精神來。於是工作常出錯，上司不喜歡他，同事也認為他沒出息。如此一來，他就越來越孤獨，越來越被公司的人排擠，越來越遠離快樂和成功。

其實，一個人如果對自己目前的環境不滿意，唯一的辦法就是戰勝這個環境。拿走路來說，當我們不得不走過一段狹窄艱險的路段時，只能打起精神克服困難，戰勝險阻，把這段路走過去，而絕不是停在途中抱怨，或索性坐在那裡聽天由命。

成功者有一個顯著特徵，就是他們無不對自己充滿了極大的信心，無不相信自己的力量。而那些沒有做出多少成績的人，其顯著特徵則是缺乏信心。正是這種信心的喪失，使得他們卑微怯懦、唯唯諾諾。

堅定的相信自己，絕不容許任何東西動搖自己有朝一日必定事業成功的信念，這是所有取得偉大成就人士的品格。許多極大的推進了人類文明進程的人開始時都落魄潦倒，並經歷了多年的黑暗歲月。在這些落魄潦倒的黑暗歲月裡，別人看不到他們事業有成的任何希望。但是他們卻毫不氣餒，始終如一、兢兢業業的刻苦努力，他們相信終有一天會柳暗花明。

想一想這種充滿希望和信心的心態，對世界上那些偉大的創造者的作用吧！在光明到來之前，他們在枯燥無味的苦苦求索中煎熬了多少年！要不是他們的信心、希望和鍥而不捨的努力，成功的時刻也許永遠不會到來。信心是一種心靈感應，是一種思想上的先見之明。

曾經擔任過美國足聯主席的戴偉克．杜根，說過這樣一段話：「你認為自己被打倒了，那麼你就是被打倒了；你認為自己屹立不倒，那你就屹立不倒；你想勝利，又認為自己不能，那你就不會勝利；你認為你會失敗，你就失敗。因為，環顧這個世界成功的例子，我發現一切勝利，皆始於個人求勝的意志與信心。你認為自己比對手優越，你就是比他們優越；你認為比對手低劣，你就是比他們低劣。因此，你必須往好處想，你必須對自己有信心，才能獲取勝利。在生活中，強者不一定是勝利者，但是，勝利遲早屬於有信心的人。」

信心是使人走向成功的第一要素。換句話說，當我們真正建立了自信，那麼我們就已開始步向事業的輝煌。

…………………………………………… ※ ……………………………………………

從前，在非洲有一個農場主，一心想要發財致富。一天傍晚，一位珠寶商前來借宿。農場主對珠寶商提出了一個藏在他心裡幾十年的問題：「世界上什麼東西最值錢？」

珠寶商回答道：「鑽石最值錢！」

農場主又問：「那麼在什麼地方能夠找到鑽石呢？」珠寶商說：「這就難說了。有可能在很遠的地方，也有可能在你我的身邊。我聽說在非洲中部的叢林裡蘊藏著鑽石礦。」

第二天，珠寶商離開農場，四處去收購他的珠寶。農場主卻激動得一宿未闔眼，並馬上做出一個決定：將農場以最低廉的價格賣給一位年輕的農民，就匆匆上路，去尋找遠方的寶藏。

第二年，那位珠寶商又路過農場，晚餐後，年輕的農場主和珠寶商在客廳裡閒聊。突然，珠寶商望著書桌上的一塊石頭兩眼發亮，並鄭重其事的問農民這塊石頭是在哪裡發現的。農民說就在農場的小溪邊發現的，有什麼不對嗎？珠寶商非常驚奇的說，這不是一塊普通的石頭，這是一塊天然鑽石！隨後，他們在同樣的地方又發現了一些天然鑽石。後來經勘測發現：整個農場的地下蘊藏著一個巨大的鑽石礦。而那位去遠方尋找寶藏的老農場主卻一去不返，聽說他成了一名乞丐，最後跳進尼羅河裡了。

這個故事不論在過去或未來，都告訴我們：寶藏不在遠方，寶藏就在我們心中，它給我們一個充滿強烈自信的原動力。

在人生的旅途上，我們可以停下來，靜靜的想想我們自己：在整個世界上，我是獨一無二的，沒有任何人會跟我一模一樣，為了實現我的使命，我已從祖輩的巨大積蓄中繼承了成功所需的一切潛在力量和才能，我的潛力無窮無盡，猶如深埋地下的鑽石寶礦。

人首先要看得起自己，別人才會高看你。自卑的人最主要的特徵是對自己的能力缺乏了解，因而缺乏信心。這種人老是談自己的問題，抱怨命不好，總是把困難看得太嚴重，於是垂頭喪氣，永遠沒有挑戰的決心。這樣的人終將一事無成。

在一個人的信念系統中，有非常重要的一點，那就是如何看待自我。如果一個人對自我沒有一個清晰的認識，那也很難談到客觀的對待外在環境。

研究發現，成功者對自我都有一種積極的認識和評價，他們對自己表現出相當的自信。因為他們自信，所以才會相信自己的選擇、相信自己的事業有成功的可能，所以才會堅持到底，直到達到自己的目標。

在現代社會裡，一個人要想成就一番大業，憑單槍匹馬的拼殺是不夠的，它更需要眾多人的支援和合作。這樣，自信便顯得尤為關鍵。一個人只有首先相信自己，才能說服別人來相信你；如果連自己都沒自信，那麼這意味著他已失去在這個世界上最可依靠的力量。

凡是有自信心的人，都可表現為一種強烈的自我意識。這種自我意識使我們充滿了熱情、意志和戰鬥力，沒有什麼困難可以壓倒我們。我們的準則就是：我要贏！

方法總比困難多

在英文裡有句話，是說上帝每製造一個困難，就會同時製造三個解決它的方法來。所以，世上只要有困難，就會有解決的方法。而且「方法總比困難多」，只是我們暫時還沒有找到合適的方法而已。

交通堵塞了，自然有解決的方法；自行車輪胎漏氣了，自然有解決的方法；電視機的品質不好，自然有解決的方法；業務員銷售成績不好，自然有解決的方法。同樣，我們的收入不高，自然有解決的方法；工人的技能不夠好，自然有解決的方法。問題是我們怎樣去面對這一個又一個的困難，是怨天尤人、怨老闆、怨同事、怨客戶、怨工作太難、怨報酬太低，還是積極面對主動想辦法來解決這些困難。

王永慶在早期賣米時，營業額一直上不去，但他不氣餒，他堅信總有辦法，他主動送米上門，並記下每戶有多少人口，這次送的米大概在多少天後會吃完，然後再去送。他還記下每戶人家發薪的時間，到時候去收米錢。

窮人和富人的距離，不僅展現在順境的時候，關鍵是展現在逆境的時候。

窮人在逆境中，看到的是自己身邊所有的「不」，總是不住的問天問地問自己，為什麼，為什麼。

什麼事情都一樣，它的出現有的是必然的，有的是偶然的，總之，就是上帝也無法阻止事情的發生。對於我們來說，壞的事情發生了，我們問一萬個為什麼也與事無補，哪怕我們永遠的問下去。

窮人在逆境中，多數會選擇放棄，退回他以前的生活環境中，或者回到他原來的老路上去。不為別的，只因為那裡安全，沒有風雨。因此，他的一生也不會有太大的改變。

富人在逆境中，多數會選擇逆流而上，他們會在挫折和逆境中積極的尋找機遇。他們知道，上帝能給他們一個「不」，同樣會給他們一個「是」。而且那個夢寐以求的「是」，就在那個「不」的不遠處，只要他們去等待，去發現，去改變，就會找到那個驚喜。

富人在逆境中的心態是積極的，樂觀的，把自己所有的精力都集中在如何克服困難上，而不做它想。他也知道，這個時候，想的越多，自己的麻煩就越多。

富人在關鍵的時候，總是比窮人多堅持三秒，多走半步。也就是這三秒，也就是這半步，形成了窮人和富人現實生活中的巨大反差。

※

普魯士國王率大軍與英格蘭軍隊激戰，結果被對方打得狼狽逃竄。鑽進一所隱蔽的老宅，國王灰心喪氣的往乾草上一躺，不由得陷入極度的悲哀之中。就在瀕臨絕望的時候，他看見一隻蜘蛛在那裡結網。為了轉移一下注意力，他揮手抹掉那個蜘蛛網。

然而這一人為的破壞，沒有動搖蜘蛛結網的意志。好像那倒楣的事根本就沒有發生過一樣，蜘蛛又忙碌起來，沒用多長時間就織好了另一張蜘蛛網。軍隊接連打了 6 次敗仗，國王已經準備放棄戰鬥，由此他捫心自問：「假如我把蛛網破壞 6 次，不知這隻蜘蛛是否會放棄努力。」

一次又一次，國王接連毀掉了 6 張蛛網。那隻蜘蛛再一次出發，毫不氣餒的又去織第七張網，並且如願以償的完成了。國王從這件事中獲得激勵，決心重整旗鼓，再次和英格蘭人決一死戰。經過極為縝密的準備，他重新聚集起一支軍隊，終於打贏了一場決定性的戰役，從英格蘭人手中奪回了失去的領土。

別人放棄，自己還在堅持，他人後退，自己照樣前進，看不到光明和希望，依然努力奮鬥，這種人往往是成功者。

※

賽勒斯．菲爾德（Cyrus West Field）先生退休時已經存了一大筆錢，然而這時他又突發奇想，想在大西洋的海底鋪設一條連接歐洲和美國的電纜。

隨後，他就全力的開始推動這項事業。前期基礎性工作包括建造一條 1,000 英里（約 ,1609 公里）長、從紐約到紐芬蘭聖約翰的電報線路。紐芬蘭 400 英里（約 644 公里）長的電纜線路要從人跡罕至的森林中穿過，所以，要完成這項工作不僅包括建一條電報線路，還包括建同樣長的一條公路。此外，還包括穿越布雷頓角全島共 440 英里（約 708 公里）長的線路再加上鋪設跨越聖勞倫斯灣的電纜，整個工程十分浩大。

菲爾德使盡渾身解數，總算從英國政府那裡得到了資助。然而，他的方案在議會上遭到強烈的反對。隨後，菲爾德的鋪設工作就開始了。電纜一頭擱在停泊於塞巴托波爾港的英國旗艦「阿伽門農」號上，另一頭放在美國海軍新造的豪華護衛艦「尼亞加拉」號上，不過，就在電纜鋪設到 5 英里（約 8 公里）的時候，它突然被卷到了機器裡面，弄斷了。

菲爾德不灰心，進行了第二次實驗。在這次實驗中，在電纜鋪好 200 英里（約 322 公里）長的時候，電流突然中斷了，船上的人們在船板上焦急的踱來踱去，好像死神就要降臨一樣，就在菲爾德先生即將命令割斷電纜、放棄這次實驗時，電流突然又神奇的出現了，一如它神奇的消失一樣。夜間，船以每小時 4 英里（約 6 公里）的速度緩緩航行，電纜的鋪設也以每小時 4 英里的速度進行。這時，輪船突然發生一次嚴重傾斜，緊急剎車，不巧又割斷了電纜。

但菲爾德並不是一個容易放棄的人。他又訂購了 700 英里（約 1,126 公里）的電纜，而且還聘請了一位專家，請他設計一臺更好的機器，以完成這麼長的鋪設任務。後來，英美兩國的發明天才聯手才把機器趕製出來。最終，兩艘船繼續航行，一艘駛向愛爾蘭，另一艘駛向紐芬蘭，結果它們都把電纜用完了。兩船分開不到 13 英里（約 21 公里），電纜又斷了，再次接上後，兩船繼續航行，到了相隔 8 英里（約 13 公里）的時候，電流又沒有了。電纜第三次接上後，鋪了 200 英里，在距離「阿伽門農」號 20 英尺（約 6 公尺）處又斷開了，兩艘船最後不得不返回到愛爾蘭海岸。

參與此事的很多人一個個都感到洩氣，輿論也對此流露出懷疑的態度，投資者也對這一專案沒有了信心，不願再投資。這時候菲爾德先生，如果沒有他百折不撓的精神、沒有他天才的說服力，這一項目很可能就此放棄了。菲爾德繼續為此日夜操勞，甚至到了廢寢忘食的地步，他絕不甘心失敗。

於是，第三次嘗試開始了。這次總算一切順利，全部電纜鋪設完畢，沒有任何中斷，鋪設的消息也透過這條的海底電纜發送了出去，一切似乎就要大功告成，但電流突然又中斷了。

好一個菲爾德，所有這一切困難都沒嚇倒他。他又組建一個新公司，繼續從事這項工作，而且製造出了一種性能遠優於普通電纜的新型電纜。1866 年 7 月 13 日，新一次實驗又開始了，並順利接通，發出了第一份橫跨大西洋的電報！電報內容是：

「7 月 27 日，我們晚上九點達到目的地，一切順利。感謝上帝！電纜都鋪好了，運行完全正常。

賽勒斯．菲爾德。」

命運全在搏擊，堅持就是希望。對於意志堅強的人，只要咬緊牙關，任何困難哪怕是死神都不會懼怕。

持續堅守，絕不放棄

很多時候，一個人的成功與否的道理其實很簡單，那就是：堅守。堅守到最後的人，才會是成功的人。生活中的無數事例也告訴我們，人生的成功者往往不是那些最聰明的人，而是那些持續堅守，絕不放棄的人。

曾看到過這樣一個故事：

有一年，一個有名氣的公司面臨有史以來最為嚴峻的生存考驗，公司籠罩著濃濃的悲觀氛圍，瀕臨關門大吉的邊緣。

面對困境，公司老闆別出心裁的召集員工聆聽了一塊極為生動的演講。大大出乎眾人意料的是，在這急需激勵眾人鬥志的關鍵時刻，被邀請來的演講者不是商界叱吒風雲的成功者，竟然是只有十歲的小報童約翰！演講會的方式也極為特別，老闆與報童約翰兩人在臺上進行了一番旁若無人的平淡無奇的對話，但對話的用意耐人尋味。

艾弗森開門見山：「約翰，你送報紙多長時間了？」

約翰驕傲的說：「三年了，從我七歲那年就開始了。」

艾弗森：「送一份報紙平均能賺多少錢？」

約翰微笑：「現在每份報紙賺 10 美分，不包括偶爾的小費。」

艾弗森：「看你整天都樂呵呵的，賺錢的路一帆風順吧？」

約翰依然微笑著：「我每天都很快樂，這是真的，但賺錢的路並不順暢。剛開始送報的時候，送一份報還賺不上 2 美分，而且非常辛苦，因為在那個街區送報的人太多了，許多孩子比我大，還有一些成年人，他們做得久，也比我有經驗。」

艾弗森饒有興致的問：「你後來是怎樣擊敗競爭對手的？」

約翰不無得意的說：「不是我擊敗了競爭對手，是他們自己擊敗了自己。看到送報賺錢難，他們都悲觀的認為做這個肯定賺不到錢了，再怎麼努力也沒有什麼前景可言，一個個都改行去做別的了。而我卻滿懷希望的堅持下來了，並且把這份工作做得越來越好、越來越賺錢了。」

艾弗森：「約翰，你從沒有想過要換一份賺錢的工作嗎？」

約翰堅定的說：「沒有，因為我做律師的祖父告訴過我——成功最大的祕密就是堅持到底，即使我每週只賺 3 美元的那些日子裡，我也沒想過要換一份工作，我一直堅信自己能夠賺到我希望多的錢。果然，現在我實現了自己的願望，除了自己送報，我還雇了 8 個幫手，把送報的範圍和客戶擴大了許多。目前，我正籌備成立一個送報公司，準備嘗嘗當老闆的滋味！」

艾弗森讚賞的追問：「當年和你一起送報的那些人中，現在有比你賺錢更多的嗎？」

約翰驕傲而果斷的回答：「沒有，他們中倒是有不少人很後悔當初沒有像我那樣堅持下來，其中有四個人現在已成為我的得力助手。」

這時，艾弗森總裁激動的站了起來：「謝謝你，約翰，你今天給我們做了一次極為精彩的演講。」

1984 年，牛津大學舉辦了一個名為「成功祕密」的講座。當時邀請了聲譽已登峰造極的邱吉爾（Winston Churchill）來演講。全世界的媒體都準備聆聽這位偉人成功的祕訣，邱吉爾在掌聲之後說：「我成功的祕訣有三個。」人們屏住呼吸，「第一個是，絕不放棄；第二個是，絕不、絕不放棄；第三個是絕不、絕不、絕不放棄！我的演講結束了，謝謝大家！」走下講臺，人們爆發出了熱烈的掌聲，久久不息。

※

是的，成功的道理很簡單，就是堅持到底絕不放棄。

很多人遇到了困難和壓力便選擇了放棄，半途而廢，結果總是被一個個虛妄的幻想耗完了整個生命。其實，在很多時候，我們都以為已經耗盡了自己所有的資本。但事實上，並沒有真正耗盡。只要一息尚存，就要堅持到底。法國微生物學家巴斯德（Louis Pasteur）有句名言：「告訴你使我達到目標的奧祕吧，我唯一的力量就是我的堅持精神。」

在大地震災難中，不幸的人們被埋在廢墟下。沒有食物，沒有水，沒有亮光，甚至連新鮮的空氣都很稀少。一天，兩天，三天……還有希望生還嗎？有的人喪失了信心，他們很快虛弱下去，不幸的死去。而有些人卻不放棄生的希望，堅信外面的人們一定會找到自己，救自己出去。他們堅持著，哪怕是在最後一刻……結果，他們創造了生命的奇蹟，他們從死神的手中贏得了勝利。

往往是在前途最困難的時候，條件最惡劣的時候，也是最需要我們「再堅持一下」的時候，這是對自己勇氣和毅力的嚴峻考驗。膽怯的人往往會退縮，而勇敢的人則會經受住考驗。所以，適時調整，等待時機，也是不可少的。只要還留有一口氣在，就永遠不要放棄我們的努力，機會就在我們的手中，上帝往往就在最後一秒，讓我們勝利了。

堅持不是死鑽牛角尖，不是埋頭苦幹，亦不是賭徒式的「孤注一擲」。它是在通觀全面和預測未來後的明智抉擇，它是一種對人生充滿希望的樂觀態度。相信每個人的心中都充滿著夢想，每個人也都擁有著天天向上的進取心。可是在生活中，人們往往是喜歡只守候第一個春天，面對第一次的無果，便輕率的將第二個春天也棄之門外。殊不知，夢想之花垂青的總是那些有毅力、執著追求的人。

缺乏毅力堅持，也是多數人失敗的原因之一。要想從「窮人」變為「富人」，缺了「堅持」二字是萬萬不可的。堅持是一種不達目的誓不甘休的精神，是一種對自己所從事的事業的堅強信念，也是高瞻遠矚的眼光和胸懷。

你有很強的意志力嗎？

■ 測驗攻略

測驗意義：★★★★

準確指數：★★★★

測驗時間：20 分鐘

■ 測驗情景

很多人每年、每月都為自己訂下很多的計畫，如存錢、旅行、工作、學習、減肥等，但是這些計畫能不能堅持到最後呢？其實這些計畫的結果，都關係到你的意志力。

■ 測驗問答（請在選項中選擇適合你的一項）

1. 我很喜愛長跑、爬山等體育運動，但並不是因為我的天生條件適合這些項目，而是因為這些運動能夠增強我的體適能和毅力。

   A. 完全符合　B. 比較符合　C. 無法確定

   D. 不太符合　E. 很不符合

2. 我給自己定的計畫，常常因為我自己的原因不能如期完成。

   A. 完全符合　B. 比較符合　C. 無法確定

   D. 不太符合　E. 很不符合

3. 信奉「凡事不做則已，做就要做好」的格言，並盡量照做。
A. 完全符合　B. 比較符合　C. 無法確定
D. 不太符合　E. 很不符合

4. 我認為凡事不必太認真，做得成就做，做不成就算了。
A. 完全符合　B. 比較符合　C. 無法確定
D. 不太符合　E. 很不符合

5. 我對待一件事情的態度，主要取決於這件事情的重要性，即該不該做，而不在於我對這件事情的興趣，即想不想做。
A. 完全符合　B. 比較符合　C. 無法確定
D. 不太符合　E. 很不符合

6. 有時我睡前發誓，第二天要開始做一件重要的事情，但到第二天這種幹勁又沒有了。
A. 完全符合　B. 比較符合　C. 無法確定
D. 不太符合　E. 很不符合

7. 在工作和娛樂發生衝突的時候，即使這種娛樂很有吸引力，我也會馬上決定去工作。
A. 完全符合　B. 比較符合　C. 無法確定
D. 不太符合　E. 很不符合

8. 我常因讀一本妙趣橫生的小說或看一個精彩的電視節目而忘記時間。
A. 完全符合　B. 比較符合　C. 無法確定
D. 不太符合　E. 很不符合

9. 我下決心堅持的事情（如學外語），不論遇到什麼困難（如工作忙），都能夠持之以恆，堅持不懈。

A. 完全符合　B. 比較符合　C. 無法確定

D. 不太符合　E. 很不符合

10. 如果我在學習或工作中遇到了什麼困難，首先想到的是先問一問別人有什麼辦法沒有。

A. 完全符合　B. 比較符合　C. 無法確定

D. 不太符合　E. 很不符合

11. 我能長時間做一件無比枯燥的工作。

A. 完全符合　B. 比較符合　C. 無法確定

D. 不太符合　E. 很不符合

12. 我的愛好時常改變，做事情常常是「這山望著那山高」。

A. 完全符合　B. 比較符合　C. 無法確定

D. 不太符合　E. 很不符合

13. 我只要決定做一件事，一定是說做就做，絕不拖延到第二天或以後。

A. 完全符合　B. 比較符合　C. 無法確定

D. 不太符合　E. 很不符合

14. 我做事喜歡揀容易的先做，困難的能拖就拖，到了實在不能拖，就乾脆俐落做完，所以別人不太放心讓我做難度大的事情。

A. 完全符合　B. 比較符合　C. 無法確定
D. 不太符合　E. 很不符合

15. 遇事我喜歡自己拿主意，當然也可以聽一聽別人的建議作為參考。
A. 完全符合　B. 比較符合　C. 無法確定
D. 不太符合　E. 很不符合

16. 生活中遇到複雜的情況時，我常常舉棋不定，拿不定主意。
A. 完全符合　B. 比較符合　C. 無法確定
D. 不太符合　E. 很不符合

17. 我不怕做我從來沒有做過的事情，也不怕一個人獨立負責重要的工作，我認為這起碼是一個鍛鍊自己的好機會。
A. 完全符合　B. 比較符合　C. 無法確定
D. 不太符合　E. 很不符合

18. 我生性就膽小怕事，沒有百分之百把握的事情，我從來不敢做。
A. 完全符合　B. 比較符合　C. 無法確定
D. 不太符合　E. 很不符合

19. 我從來都希望能做一個堅強的、有毅力的人，而且我深信「皇天不負有心人」。
A. 完全符合　B. 比較符合　C. 無法確定
D. 不太符合　E. 很不符合

20. 我更相信機會，很多事實證明，機會的作用大大超過個人的艱苦努力。

A. 完全符合　B. 比較符合　C. 無法確定

D. 不太符合　E. 很不符合

■ 測驗解析

評分標準：在上述 20 道試題中，凡題號為單數的試題（1，3，5，7，9…），選擇 A、B、C、D、E 分別得 5、4、3、2、1 分；凡題號為雙數的試題（2，4，6，8，10…），選擇 A、B、C、D、E 分別得 1、2、3、4、5 分。

91 分以上：意味著意志力十分堅強，不管做什麼事都能按照計畫實行。不論任何人或情形都不會使你改變主意；但有時太執著並非好事，嘗試偶爾改變一下，生活將會更充滿趣味。

81 ～ 90 分：意味著意志力較堅強，懂得權衡輕重，知道什麼時候要堅持到底，什麼時候要輕鬆一下。你是那種堅守本分的人，遇到極感興趣的東西時，你的好玩心會戰勝你的決心。

61 ～ 80 分：意味著你意志力一般，但是你並非缺乏意志力，只不過你只喜歡做那些自己感興趣的事，對於那些能即時獲得滿足感的工作，你會毫無困難的堅持下去。你很想堅持你的新年大計，可惜很少能堅持到底。

51～60分：意味著你意志力比較薄弱，不管什麼事情都不能堅持下去，一點小小的誘惑就能打破你的計畫，致使什麼事情都會全盤皆輸。

50分以下：意味著你意志力十分薄弱，簡直沒有救了。你信誓旦旦的對朋友表示，一定要實現自己的計畫，但是由於中間一點小小的挫折就讓你放棄了計畫。

■ 測驗結論

克服心理的障礙，意志力有著不可磨滅的作用，培養自己的意志力，首先從小事做起，做到「今日事，今日畢」。制定大的計畫時，應該把大的計畫分成很多具體的小目標，然後時刻提醒自己一定做到自己的目標，也可以在自己的床邊、日記本的扉頁上，寫上自己喜歡的名言警句作為自己的「座右銘」，讓它們來鞭策自己。

Chapter3

活在永恆的當下

此時此地是我們整個存在的中心，即使我們相信，自己活在一個延伸到過去和未來的時間段中，但事實上我們永遠都活在當下的時刻。我們住在永恆的當下，因為對我們來說，當下就是「此時此地」。

青春是一種特權

青春，對於我們來說是美好的，很多文人墨客都把青春做了很多美好的比喻。青春，是人生的花朵；青春，是人生的春天；青春，是不耐久藏的珍寶；青春，是創造一切的希望。青春是珍貴的，它是人生最美的花朵，是不耐久藏的珍寶，是轉瞬即逝的春光；青春是飽滿的，它代表著時代的精神，展示著時代的性格，孕育著時代的希望。

青春對於每一個人來說都是公平的，它給予每個人的時間都是相同的。但每個人的青春價值卻是不同的，每個人的青春亮度也是大不一樣的。有的人雖然擁有美麗青春的外表，但無青春熱力的底蘊，而使青春暗淡無光。有的人雖然擁有美妙的青春年齡，但卻不能實現其應有的價值，虛度年華、浪費時光，而使青春黯然失色。

我們正處在人生青春時節的大好時光，我們應讓自己的青春怒放異彩，讓我們的青春更加鮮豔美麗。我們要珍惜青春時光，如飢似渴的汲取青春能量，我們更要用青春的熱力去溫暖需要我們溫暖的人，用自己的青春力量去戰勝困難與邪惡，用自己的青春智慧去營造嶄新的世界。

多思考自身，多參與社會，多關心周身，由物及人，由人及己，美麗的生命圖景在青春裡才能呈現。

還記得那青春的大觀園裡的聚會。那些奼紫嫣紅，那些綠肥紅瘦，那些或犀利，或俏皮，或機敏，或守本分，或大方，或開朗，或剛烈，或柔弱的女性們，她們在生命的春天，在青春的歲月裡經歷著人生的悲喜，體驗著人生的苦樂。翻開她們的人生，是「孤高自許、目無下塵」的林黛玉在勇敢的追逐著真愛，是「誓絕鴛鴦偶」的金鴛鴦對自己的人生做主，是「病補雀金裘」的晴雯在奮力的修補金裘，是「雅集苦吟詩」的香菱在專注的學詩，是「醉眠芍藥石」的史湘雲在大喇喇的我行我素……她們沒有在專制的封建壓迫下屈服，毅然決然的追逐著自己的青春理想，肆意的張揚著青春光華。她們奏起了自己的青春樂章，書寫下了屬於自己的青春篇章。

年輕的我們如若生在她們的年代，也應當如她們一樣追逐自己的青春理想。然而，她們所處的年代，決定了她們不可能達到完全的自主。恰恰相反，現在的我們，我們所處的時代，允許我們去肆意的表現自己，追求自己的理想，那我們的青春為什麼不讓自己來把握呢？我們誓將打破「命運的枷鎖」，我們誓將自己的信仰進行到底，我的青春我做主。

爸爸媽媽，請不要對我的青春強加干涉。我答應你們敬重你們，永遠愛你們，絕不做違背社會道德，違背自我意志的事情。人生的路如何走，我心裡自有主意。尊重我的青春追求和夢想吧！年輕的我不會讓你們失望。

學校社會，請不要再對我的青春妄加判斷。對年輕的一代，學校家長更多的是在譴責，說我們是垮掉的一代。看不慣我們的一言一行，一舉一動。是的，青春的我們新潮，時尚，耍酷，但我們依然尊重傳統，關愛社會，依然懷抱對這個世界和人生的關心。我們能擔負起未來的重任，成為社會的棟梁，勇敢的行走自己的青春道路。

在青春的日子裡，我們會等待、會迷茫、會徬徨、會無助，但青春的我們不懼失敗、不怕孤單、不願嘆息，我們要積極樂觀，會勇於進取，能夠無私社會。我們更要揮灑自己的青春，大聲的告訴世界：我的青春我做主！

「我還年輕！」這是年輕的我們自己對自己的一種近於全面的諒解。以後的事情以後再想，以後再談。讓世界只是一幅畫，生活只是一首歌，理想只是朦朧的朝霞，事業只是遠方的車站……因為我們正當青春，所以只管扭動歡快的舞步！

然而歲月匆匆，一個那樣的日子終於來臨 —— 腳尖觸到了門檻，青春的門檻！

青春誠美好，但青春必凋零。我們要義無反顧邁過去！勇於用還不夠堅實的肩膀，承受社會壓上來的責任和義務；勇於面對未來的社會生活，勇於迎接質疑的眼神，莫測的心機與需要仔細理解的話語；勇於在感情世界裡經受超越天真爛漫層次的嚴峻，到甚至於痛徹肺腑的考驗；勇於樹立起宏大的理想目標；勇於以堅韌的毅力和奮發的進取，開創出自己的一片天地。

青春是一種特權

青春不會永遠駐足不前，青春是個稍縱即逝的過程。沒有人能永遠年輕，我們唯一能保持的只能是心態上的年輕。所以，我們一定要抓住青春的日子，做自己想做的事情。有這樣一則故事：

曾有一位教授在上課，臺下的學生昏昏欲睡。這時，教授突然發問：「同學們，你們能說出祖父的名字嗎？他有過什麼豐功偉業？」臺下的學生來了興致，有人舉手。教授問：「那你們能說出你們曾祖父的名字嗎？他又做過什麼？」臺下的學生再沒人舉手了。這時，教授語重心長的說：「也難怪，誰讓他們沒給你們留下什麼東西，讓你們記住他呢。人生就是這樣，等若干年後，你們還會被你們的子孫後代記住嗎？你們是希望像自己的祖輩一樣被遺忘，還是想永遠的被人記住？」學生們陷入了沉思。青春多麼美好，蹉跎歲月、渾渾噩噩能度過，好好努力、全力做事也能度過。最關鍵的是，多年以後，我們在回憶起青春的時候，希望能給自己留下什麼？由於缺少經驗，精力旺盛，我們總是以為自己能像大自然一樣永生。然而，事實上，我們在世界上只是暫時棲身，卻一廂情願，痴心妄想的竟把它當作長久不變。在短暫而美好的青春裡，我們要做點什麼。愛因斯坦（Albert Einstein）曾說：「要追究一個人自己或一切生物生存的意義或目的，客觀來看，我總覺得是愚蠢可笑的。可是每個人都有一些理想，這些理想決定著他的努力和判斷的方向。就在這個意義上，我從來不把安逸和享樂看作生活目的本身。照亮我的道路，是善、美和真。要是沒有志同道合者之間的親切感情，要不是全神貫注於客觀世界 —— 那個在藝術和科學工作領域裡永遠達不到的對象，那麼在我看來，生活就會是空虛的。我總覺得，人們所努力追求的庸俗目標 —— 財產、虛榮、奢侈的生活 —— 都是可鄙的。」

※

是的，關於人生意義的討論，總是充斥在我們的周圍。很多說法，由於熟悉和重複，已讓我們從視若無睹開始轉變到了厭煩。可是，這不是問題的真諦。真諦是，別人強加給我們的意義，無論它多麼正確，如果它不曾進入我們的心理結構，它就永遠是身外之物。比如我們從小就被家長灌輸過人生意義的答案。在此後漫長的歲月裡，諄諄告誡的老師和各種類型的教育，也都不斷的向我們批發人生意義的補充版。但是有多少人把這種外在的框架，當成了自己內在的標竿，並為之定下了奮鬥終身的決心？

年輕的我們，要確立一個自己人生的意義，為此，我們努力奮鬥，勇敢執著，這樣才能有所作為。換言之，如果在年輕的時候我們很好的回答了自己關於人生意義的問題，我們就有了明確的目標和導向，我們會以此為座標來發展我們自己的人生。美國影星秀蘭．鄧波爾（Shirley Jane Temple）曾經感慨道：「我匆匆度過了嬰兒時期，就開始工作了。」她的人生因電影而變得有意義。年輕的時候成名是一件多麼幸福的事情啊！年輕的時候找到自己想做的，並且成功了，我們才能無愧自己的青春。

只有今天才是真實的

今天，是人類有史以來最值得驕傲的時代，它包藏著過去各個時代全部的成功、進步。今天的電力、聲波、光學等種種科學的發明與應用，已把人類從過去簡陋的物質環境中拯救出來，把人類從過去的不安與束縛的環境中解放出來。在今天，一個平常人所享用的舒適、華美的生活環境與生活條件，以遠遠超過了當年的帝王將相。但是，依然有很多人常常懷舊，感言自己生不逢時，認為過去的時代才是黃金時代。事實上，這犯了很大的錯誤！

我們不應生活在昨天或明天的世界中，今天才是我們應該面對的生活，我們必須知道今世為何世，今天為何日。然後，參與現實的生活的活動與實踐。人們的許多精力，常常都耗費在追懷過去與幻想未來中。

我們生活於現實，就應該充分利用現實，不應枉費心神追憶過去，後悔過去所犯的錯誤，不要瞻前顧後，這樣，才會使我們的事業走向成功。

Chapter3　活在永恆的當下

不要因為對未來計畫的憧憬，而虛度浪費現在。不要因為目光注視著天上星光，而看不見在自己周圍的美景，甚或踐踏了在自己腳下的玫瑰。

享有我們現在所有的安樂、幸福，不要幻想遙不可期的東西。

我們不能去強迫自己改變現狀所有的一切，要讓自己充分享有今天的快樂，我們就會有熱情，就會賣力工作，享受生活。

我們要記住，不要過度沉迷於將來的夢想；如果我們失去了今天，也就喪失了今天所有的歡愉和幸福，也失去了今天可能有的各種機會。

將我們的全部精力傾注在現實中。假如在今天裡，我們只能取得 1% 的幸福，我們不必奢望從明日獲得 99% 的幸福。

我們必須努力把握好今天，只有把握好今天，才有美好的明日。

我們不要讓自己過度沉浸於預期或幻想的未來生活中，由於過度的幻想會使我們忽視今天，會使正在進行的今天的生活變得枯燥乏味。預期和幻想，雖然可以刺激我們嚮往未來，刺激我們更努力做事，但是，過度的幻想，會讓我們失去今天的樂趣，使我們不知足。

我們說，幸福是一種累積，是由無數個今天堆積而成的。正如《聖經》中所說，以色列民族在出埃及的最後旅途中，天上降下的天餅，只可以當日吃盡，藏了一夜，到了明天，就要腐壞而不能下口。幸福事物，也只有當日才能享有。

有些人在生活中往往只看到明天的價值，而看不見今天的價值。當日有行善事的機會，卻視而不見，不肯做些小的慈善事業，因為他們正在夢想著，有朝一日自己飛黃騰達之後，要捐出一筆大款項！

人們普遍有這種心理，就是想脫離現有的不愉快，常常抱怨自己的職位低，抱怨父母給自己留下的財富太少，抱怨自己的地位低等等。不在現實中尋找快樂，而是在渺茫的未來中，尋得快樂與幸福的憧憬。其實，這是錯誤的。試問誰可以擔保，一旦脫離了現有的位置，就可以得到幸福；有誰可以擔保，今天不笑的人，明天一定會笑？

※

丹麥哥本哈根大學有一個學生叫喬根，有一年暑假，他去華盛頓觀光。在他到達華盛頓時，在魏拉德旅館登了記，他在那裡的帳早已經有人預付了。這使他高興到了極點。可是，當他準備就寢時，他發現錢包不見了。自己的護照和現金全都在那個錢包裡。他跑到樓下的旅館櫃檯，向經理說明了情況。「我們會盡一切努力幫助你。」經理說。

第二天早晨錢包仍不知下落。喬根的衣袋裡只有一些零錢。現在，他孑然一身，飄零異邦，怎麼辦呢？打電報給芝加哥的朋友，告訴他們所發生的事嗎？到警察局坐等消息嗎？突然間，他說：「不！我不願做任何無意義的事情！我要參觀華盛頓。我可能再也不會到這裡來了。我在這個偉大國家的首都裡只能待上寶貴的一天。畢竟，我還有去芝加哥的機票，還有許多時間解決現金和護照問題。如果我現在不去參觀華盛頓，我就不會再有這樣的機會了。」

「現在應當是很愉快的時候。」

「現在的我和昨天失去錢包的我應是同一個人。那時我很愉快。」

「我應該愉快的過好今天。」

於是，他步行出發了。他看到了白宮和國會大廈，參觀了一些恢宏的博物館，他爬上了華盛頓紀念碑的頂端。雖然不能到華盛頓郊區以及他計畫中的其他地方去，但凡是他到過的地方，他都看得很仔細，心裡很興奮。

回到丹麥後，他回憶起這段美國的旅程，總是很開心。因為他覺得，他沒有因為錢包被偷而沮喪，失去一天的美好時光。事實證明，在他回國的 5 天後，警方幫他找回錢包，物歸原主。

假如我們能夠像喬根那樣，明白只有今天才是真實的，徹悟昨天、今天和明天的關係，我們就不會沉浸於痛苦中不能自拔了，我們就會把握好今天，把昨天看成是今天的經驗、借鑑，明天是今天努力的收穫，這樣，我們就會愉快的過好每一個今天。

讓快樂和微笑永駐心田

快樂與痛苦是對孿生兄弟，不同的只是在於我們的選擇。

一位名叫塞爾瑪的婦女陪伴丈夫駐紮在一個沙漠的陸軍基地裡。丈夫奉命到沙漠裡去演習。她一個人被留在陸軍的小鐵皮屋裡。天氣熱得受不了——在仙人掌的陰影下也有50多度。沒有人可以和她聊天——身邊只有墨西哥人和印第安人，而他們不會說英語。她非常非常的寂寞和難過，於是就寫信給父母，說要丟開一切回家去。不久，她收到了父親的回信。信中只有短短的兩行字：「兩個人從牢房的鐵窗望出去，一個看到泥土，一個卻看到了星星。」

讀完了父親的來信，塞爾瑪覺得非常慚愧。她決定要在沙漠中找到星星，開始新的生活。塞爾瑪開始和當地人交朋友，她對他們的紡織、陶器很有興趣，他們就把自己最喜歡的紡織品和陶器送給她。塞爾瑪研究那些引人入迷的仙人掌和各種沙漠植物，觀看沙漠日落，還研究海螺殼，這些海螺殼是幾萬年前當沙漠還是海洋時留下來的……原來難以忍受的環境變成了令人興奮、流連忘返的奇景。塞爾瑪為自己的發現興奮不已，並就此寫了一本書出版了。是什麼使塞爾瑪的內心發生了這麼大的改變呢？沙漠沒有改變，印第安人也沒有改變，改變的只是她的心態，一念之差，使她把原先認為惡劣的情況變為了一生中最快樂、最有意義的冒險，塞爾瑪終於找到了屬於自己的星星。

我們的生活是快樂的還是痛苦的，完全在於我們自己的選擇。就好像夏天和冬天一樣，如果我們選擇夏天，認為夏天會給我們帶來快樂，然而冬天定會來臨，它並不會給我們帶來不幸和痛苦，只是因為我們選擇了夏天而拒絕冬天，所以才會有不幸和痛苦的產生。其實，不管是夏天或冬天，對我們來講都沒有關係，不同的只是我們的感受。唯有當我們不執著於其中之一時，我們才能夠享受兩者，讓快樂永存。

世間許多事情本身並無所謂好壞，全在於當事人怎麼看。當我們面對一件事情時，學會如何保持樂觀豁達的心境而避免自尋煩惱就顯得十分重要。19 世紀德國哲學家叔本華（Arthur Schopenhauer）說：「人們不受事物影響，卻受到對事物看法的影響。」實乃至理名言。生活是一種偉大的藝術，只要我們學會生活、學會選擇，別讓世俗的塵埃蒙蔽了雙眼，別讓太多的功利給心靈套上沉重的枷鎖，我們就會發現快樂如同星星點點般密布在我們身邊的每一個角落，幾乎隨手可得。

時常給自己一個微笑，因為微笑永遠是我們生活中的陽光雨露，它能讓我們魅力四射，閃現出美麗的光芒。生活從此變得更加輕鬆，而人們也喜歡你那陽光燦爛的微笑。

善待自己，給自己一個笑臉，讓陽光、快樂走進我們敞開的心靈。

※

有一個女孩，她生性樂觀積極，也很懂得生活，更知道要如何排解自己的不快。

清晨醒來，她會對鏡中的自己大聲說:「今天是個好日子。」即使昨天的壞情緒尚未消除，她還是會大聲的說。

刷牙時，想著刷牙是一件多麼令人愉快的事，牙齒將變得潔白乾淨，不會受到蛀蟲的侵蝕，口氣清新。

洗臉也是一件非常愉快的事，因為清水會使臉上的皮膚感到無比的舒暢。這都使她胞感到無比快樂。

她把細胞快樂論告訴人們，如果我們身上的每一個細胞都很快樂，我們自身當然也會非常的快樂。因為人的身體是由60～70兆個細胞組合而成的，所以讓所有細胞和睦相處，是生活中最重要的一件大事。

女孩的細胞快樂論，正是告訴人們必須從內心深處去愛身體中的每一個細胞，不停的與它們對話，讓這些原本就健康、活躍的細胞更新甦醒，並發揮其正常的功能。

…………………………………… ※ ……………………………………

每天起床，對鏡中的自己說：「今天將是美好的一天。」

總是保持著笑容，變得比以前開朗，不再把事情看得太嚴重，反正天塌下來還有別人頂著，無論何時、何地，總是積極的挑戰明天。開始懂得與大家和睦相處，而不是明爭暗鬥，從心底去愛人，而不是做做表面功夫……

是啊，當我們面對困惑、無奈時，是否該悄悄的給自己一個笑臉呢？

給自己一個笑臉，讓自己擁有一份坦然；給自己一個笑臉，讓自己勇敢的面對艱險。這是怎樣的一種平和、怎樣的一種豁達、怎樣的一種鼓勵啊！

年輕的我們，獨步人生，難免會遇到很多困難，甚至於舉步維艱，甚至於悲觀失望。旅途茫茫有時看不到一絲星光，長路漫漫有時走得並不瀟灑浪漫。這時，給自己一個笑臉好嗎？讓來自於心底的那份執著，鼓舞著自己插上翅膀在藍天翱翔；讓來自於遠方的呼喚，激勵著自己帶著生命闖過難關。

想想人生中總有那麼多失敗、挫折、痛苦和折磨。這個時候請不要封閉自己的心靈，請不要讓自己的心靈布滿陰雲，請不要拋開生活中的一切美好的東西，敞開自己的心靈，讓世界走進來，讓陽光走進來，讓歡樂走進來，讓美好走進來，到這時我們會明白，失敗、挫折、痛苦和折磨不是生活的全部，也不是生活的最終；失敗、挫折、痛苦和折磨會使我們成熟、堅強、豁達，它是人生中的寶貴財富。

※

在森林的一條小路上，一個商人和一個樵夫經常相遇。

商人擁有長長的商隊，一箱箱的綾羅綢緞都是商人的財富。

樵夫每天都要上山砍柴，斧頭和繩子是他最親密的夥伴。

然而，商人整天愁眉苦臉，他不快樂。樵夫每天歌聲不斷，笑聲朗朗，他很幸福。

一天，商人又與樵夫相遇，他們同坐在一塊大石頭上休息。

「唉！」商人嘆道，「我真不明白，年輕人，你這麼窮，怎麼那麼快樂呢？你是否有一個無價之寶藏而不露呢？」

「哈哈！」樵夫笑道，「我也不明白，您擁有那麼多財富，怎麼整天愁眉苦臉呢？」

「唉！」商人說：「雖然我是那樣的富有，但我的一家人總是為了錢財吵得不可開交。他們整天想的就是如何比其他人擁有更多，卻沒有一個想到為我付出，哪怕一點點真情實意。當然，我一回到家他們就會眉開眼笑，可是我始終弄不明白，他們是對著錢笑還是對著我笑。我雖家財萬貫，但我卻常常感到自己實際上是一個一無所有的窮光蛋。我能快樂嗎？」

「哦，原來如此！」樵夫道，「我雖然一無所有，但我時時感覺到我擁有永恆的幸福，所以我經常樂不可支。」

「是嗎？那麼你家裡一定有一個賢慧的妻子？」商人問。

「沒有，我是個快樂的單身漢。」樵夫道。

「那麼，你一定有一個不久就可迎娶進門的未婚妻。」商人肯定的說。

「沒有，我從來沒有過什麼未婚妻。」

「那麼，你一定有一件使自己快樂的寶物？」

「假如你要稱它為寶物的話，也可以。那是一位美麗的女孩送給我的。」樵夫說。

「哦？」商人驚奇了，「是一件什麼樣永恆的寶物，令你如此幸福呢？一件金光閃閃的定情物？一個甜蜜的吻？還是……」

「這個美麗的女孩從來沒有跟我說過一句話，每次在村裡與我相遇，她總是匆匆而過。三年前，她去了另一個城市生活。就在她臨走之前，上車的時候，她……」樵夫沉浸在幸福之中了。

「她怎麼樣？」商人急切的問。

「她向我投來了含情脈脈的一瞥！」樵夫繼續道，「這一瞬間的目光，對於我來說，已經足夠我幸福一生了。我已經把它珍藏在我的心中，它成了我瞬間的永恆。」

商人看著幸福無比的樵夫，心中說道：

「真正的富翁應該是他，我才是個名符其實的窮光蛋。」

快樂需要發現，需要挖掘，也需要創造。

其實，快樂就在生活當中。創造快樂，也就是創造美好生活，創造快樂，就是使自己走向成功。

快樂是一種心理感受，要不要快樂全由你自己決定。快樂是健康的金鑰匙，人處世間，理應追求快樂。懂得快樂，善於快樂實在是一種智慧、一種氣度、一種境界。人人都應學會怎麼快樂怎麼想，怎麼快樂怎麼看，怎麼快樂怎麼做。學會快樂，發現快樂，創造快樂，快樂就會永伴終生。

命運在我們自己手中

在現實生活中，很多人放棄自己的權利，讓別人的意志來決定自己的生活。他們把自己上學、職業、婚姻……種種選擇全託付或交給他人，失去了自我追求、自我信仰，也就失去了自由，最後變成了一個毫無價值的人。我們說人生最大的損失，莫過於失去自信。

……………………※……………………

有位同事經常管不好自己的鑰匙，不是弄丟了，就是忘了帶，要不就是反鎖在門裡。他的 301 室辦公室就他一人，老是撬門也不是個辦法，於是，他在配鑰匙時便多配了一把，放在 302 辦公室。這下無憂無慮了好一陣子。有一天他又沒帶鑰匙，恰好 302 室的人都出門了，又吃了閉門羹，於是他在 303 也放了鑰匙。外頭存放的鑰匙越多，他自己的鑰匙也就管得越鬆懈，為保險起見，他乾脆在 304、305、306……都存放了鑰匙，多多益善。最後就變成這樣，有時候，他的辦公室，所有的人都進得去，只有他進不去，所有的人手中都有鑰匙，只有他的鑰匙無處可尋。

到這時，他那扇門鎖住的，就只是他自己。

還有一個故事：

一位畫家把自己的一幅佳作，送到畫廊裡展出，他別出心裁的放了一枝筆，並附言：「觀賞者如果認為這畫有欠佳之處，請在畫上作上記號。」結果畫面上標滿了記號，幾乎沒有一處不被指責。過了幾日，這位畫家又畫了一張同樣的畫拿去展出，不過這次附言與上次不同，他請每位觀賞者將他們最為欣賞的妙筆都標上記號。當他再取回畫時，看到畫面又被塗滿了記號；原先被指責的地方，卻都換上了讚美的標記。

這位畫家不受他人擺布，充滿了自信。正像有人說：「自信而不自滿；善聽意見卻不被其所左右，執著卻不偏執」。

上面兩個故事裡的主人公，他們的所作所為，反映了兩種不同的思考方式，兩種不同的心態和兩種不同的結果。前者是失敗的思考方式，自卑的心態，必然會產生可悲的結果。後者是成功的思考方式，充滿自信的心態，必然會產生成功的結果。

前者高估他人，而低估自己，遇事認識不到自己擁有無限的能力和可能性。越是這樣，越是跳不出自己固有的思維；越是跳不出自己的思維，就越覺得自己不行；覺得自己不行，就必然要依賴他人，受他人擺布。如此這樣，每失敗一次，自信心就會受到一次傷害，久而久之，一切就會按照別人的意見行事，一切就會受制於人，可悲的事就會接踵而來。後者因為用正確的觀點評價別人和看待自己，所以在任何情況下，都不會迷失自己，受人擺布。

畫展裡的這種情況，我們會在現實生活裡常常碰到。同樣的事，同樣的人，常常會出現不同的待遇，產生不同的結果。

結果仔細想想，這也並不奇怪，因為人世間每一個人的眼光各不相同，理解事物的角度也不盡一樣。所以遇事要用正確的思維方式，不要完全相信你聽到的、看到的一切，也不要因為他人的批評，鄙視而輕視自己，產生自卑感。愛迪生曾經試用過 1,200 種不同的材料作白熾燈泡的燈絲，都沒有成功。有人批評他：「你已經失敗了 1,200 次了。」可是愛迪生不這麼認為，他充滿自信的說：「我的成功就在於發現了 1,200 種材料不適合做燈絲。」如果我們遇事都能這樣想，採用這種積極的思維方式，哪裡還會有煩惱？哪裡還會有自卑感？人的自卑感的存在和產生，並不是由於自己在能力或知識上不如人，而是由於自己有不如人的心態和感覺。為什麼會產生不如人的心態和感覺呢？是因為有些人常常不用自己的「標準」來判斷和評價自己，而喜歡用別人的「標準」來衡量自己。說簡單點，就是喜歡拿自己與他人相比，尤其喜歡拿別人的優點長處與自己的缺點和短處相比。原本這些不一樣的東西，是不能進行比較的，越比較，就越會感到自卑。這些簡單、明顯的道理，只要我們相信它，接受它，就會掌握正確的思考方式，保持良好的心態，摒棄自卑，找回自信，學會由自己支配自己，由自己去安排自己的生活，由自己去計畫自己的人生。

過慣了安逸奢華的生活，我們常會忘記樂趣是不需要花太多時間和金錢就可得到的。

在這個過度消費的時代裡，不停的大肆採購，已經成了追求樂趣的手段。然而，購物樂趣的生命週期也不斷的縮減，很可能剛結完帳，它已消失無蹤；回到家裡，剛到手的東西連包裝都未拆，就進了儲藏室。

更令人費解的是，單純的消費行為也漸漸無法滿足消費者的心，取而代之的是追求高價商品。在這種消費模式底下，隱藏著一種扭曲的價值觀，那就是：高價位等於高品質。消費得起高價位商品，就等於高人一等。簡單來說就是：滿足了虛榮心就是快樂。

事實真是如此嗎？

快樂之後殘留的惆悵，就像繁華都市狂歡後遺留的滿地垃圾，令人不忍目睹。狂歡是暫時的，但整理垃圾，需要耗費不少氣力。

也許只要花點錢買個霜淇淋，或是品嘗個甜滋滋的巧克力，都可以帶給我們無比的喜悅。

如果生命裡曾有過這麼美好的回憶，為什麼非得要讓世俗的價值觀控制了我們呢？

尋找到自己的「金礦」

無論我們現在正做著什麼，對於事業剛剛起步或者將要起步的我們，尋找到人生的金礦，對成功來說是至關重要的。

尋找到自己的「金礦」

或許有的人還在學校裡繼續充實自己，或許有的人事業剛剛開始，或許有的人正在苦苦的尋找著、摸索著……

造物主創造了我們人類，創造了我們每一個不同的自己，所以，我們每一個人的身體狀況、智慧、心理特點，以及我們的左右腦的發達程度，都不完全相同。正如河灘上沒有兩塊完全相同的石頭一樣，世界上也沒有兩個完全相同的人。所以，尋找自己，認識自己，是我們開始我們的事業之前，首先要做的一項重要工作。因為我們只有對自己能有一個清醒的認識，我們才能更好的塑造自己的人生。

事實上，勇於特立獨行的人在我們周圍少之又少。大多數人都只是人口統計中的普通樣本，正是這些人組成了芸芸眾生。

「走自己的路」，義大利著名作家但丁（Dante Alighieri）說。這是對那些有依賴個性的人的警示。的確，依賴別人是人們普遍存在的一種劣根性。

事實上，在現實生活中，真正要保持一種心理上的獨立是很難的，依賴這種不良心理會不時的以各種方式侵入我們的生活，而且很多人從別人的依賴中可以得到好處，所以，要根除這一弊病就變得十分困難了。

這裡所說的「心理獨立」，是指一種完全不受任何強制性關係的束縛，完全沒有他人控制的行為。這就意味著，如果不存在強制性關係，我們就不必強迫自己去做本不願意做的事。

要做到這一點之所以很難，與社會環境教育我們不要辜負某些人，如父母、子女、上級或者愛人的期望等因素無不相關。

當然，個人獨立並不代表發展成功，成功的人生還必須追求一種更加成功的人際關係。不過，人與人的相互依賴關係必須以個人的真正獨立為前提條件。要真正實現心理獨立，就要盡可能擺脫心理上的依賴感，這意味著要根據自己的願望獨立生活。當然，這不是說斷絕人際交往，如果喜歡自己目前與人交往的方式，而它又沒有妨礙我們的生活，那就盡可能保持。

一個人，要真正實現心理獨立，首先就得停止依賴他人。這裡講的是「依賴的需要」，而不是指「與人交往」。一旦自己覺得需要別人，自己便成為一個脆弱的人。這也就是說，如果我們所需要的人離開了自己、變了心或死去了，那麼我們必然會陷入精神崩潰甚至絕望至死。

不要因為自己不是個天生的領導者，就認為自己是個天生的依賴者。事實上，沒有傑出的領導天賦並不足以成為理由，因為這方面的能力我們完全可以慢慢培養。如果我們不考驗自己的能力，我們永遠不會知道自己到底有多大的潛力。成功者的經歷已經證明了這一點。

一個真正的成功者從來不會刻意的模仿別人，他們也不為大多數人的意見所左右，他們獨立思考和創造。他們常常自己制定計畫並付諸實行。

在我們周圍看到的每個人幾乎都依賴於某些東西或某個人。有些人靠他們的錢，有些人靠朋友，有些人靠衣裝，有些人靠門第，有些人靠社會地位。但是，我們很少見到一個能完全靠自己的雙腳堂堂正正的立身於社會的人，他靠自己的美德生活，完全自立，果敢有為，依靠自己的力量去開創一份屬於自己的天地，開創自己的一項事業。

這也就是我們強調尋找到自己人生金礦的原因。那麼該如何找到自己的金礦呢？以下幾點可能會對我們有所幫助

1. 認清自己的目標：人生目標是指我們今生所要完成的任務。有人把這也比喻人的靈性任務。所謂靈性任務就是我們的一個特定的心靈成長的目標。我們的職業或者社會角色是我們完成任務所必須的道具，因此，我們的目標又和我們選擇職業息息相關。
2. 回望人生變遷：所謂回望人生變遷就是那些讓我們的命運發生重大轉變的事件，包括如何選擇學校（或者考試落榜）；工作變遷；與親人分離或失去親人；結婚、離婚；意外事故；對自己的思想、觀念、信仰產生重大影響的人或事等等。
3. 描繪心理藍圖：每個人的心靈成長都有其獨特性，隨著我們人生閱歷的豐富，我們的心靈在不斷的發生變化。
4. 確認自己想要的東西：這是一個看似簡單其實非常深刻的問題。我們或許得到許多答案，但只有一個答案是能幫助

我們找到自己的目標。回憶一下自己從小到大，心裡最想做的事情是什麼，或者最大的願望是什麼？找到那些自己心裡想去做的，但因為種種原因而不敢去做的事情，種種原因可能包括來自內心的各種恐懼：不自信（怕失敗），怕別人嘲笑，怕自己異想天開等等。

找到了自己人生的金礦，我們就可以在那裡扎根、發芽，直至長成一棵參天大樹，就因為你熱愛那裡的那片土地。

找到了你人生的金礦，你就可以在那裡挖掘出無窮無盡的寶藏，為社會、為人類、也為自己提供更多更好的物質或精神的產品。因為這裡的礦藏，取之不盡，用之不竭。

找到了自己人生的金礦，我們就可以在那裡最大限度的發揮你自己，我們的才能、我們的智慧、我們的體能、我們的潛力，我們在自己的金礦上，成為一個頂天立地的人。

人生最大的悲哀就是一生也找不到自己，找不到自己人生的金礦。越是貧瘠的土地上，越是容易生長出雜草。因而，找不到自己，找不到自己人生的金礦，是對生命的一種踐踏，對寶貴生命的一種浪費。而對於擁有生命的人來說，這也是最殘酷的事情！

所以，無論我們現在從事著什麼樣的職業，或者學習什麼，我們都需要好好的審視自己，看看自己究竟適合在什麼樣的土地上生長；同時，我們需要仔細的看一看自己腳下的那片土地，看它是否適合自己的生長；看看在這裡，我們的人生是否能綻放出最美麗的花朵？

明日復明日，明日何其多

一位名人說過，昨天是一張過期的支票，明天是一張尚未兌現的本票，只有今天才是可以流通的現金。只有今天才是我們唯一可以利用的時間，好好珍惜今日，善加利用吧！

寒號鳥的故事，對我們會有一定的啟發：

在森林裡，陽光明媚，鳥兒歡快的歌唱著，辛勤的工作。其中有一隻寒號鳥，有著一身漂亮的羽毛和嘹亮的歌喉，便到處去賣弄自己的羽毛和歌聲。看到別人辛勤的築巢，反而嘲笑對方。好心的百靈鳥提醒牠說：「寒號鳥，快蓋個窩吧！不然冬天來了，你怎麼過呢？」

寒號鳥輕蔑的說：「冬天還早呢，不著急。趁著現在的大好時光，快快樂樂的玩吧！」

就這樣，日復一日，冬天眨眼就來了。鳥兒們晚上都在自己暖和的窩裡安然的休息，而寒號鳥卻在夜間的寒風裡，凍得瑟瑟發抖，用美妙的歌喉悔恨過去，哀叫未來。

第二天太陽出來了，萬物甦醒了。沐浴在陽光中，寒號鳥好不愜意，完全忘記了昨天夜裡被凍的痛苦，又快樂的歌唱起來。

有鳥兒勸它：「快蓋窩吧！不然晚上又要凍得發抖了。」

寒號鳥嘲笑說：「不會享受的傢伙。」

寒冷的夜晚又來臨了，寒號鳥又像昨天晚上一樣受凍；就這樣重複了幾個晚上，大雪突然降臨，鳥兒們奇怪寒號鳥怎麼不發出叫聲了呢？太陽一出來，大家才發現，寒號鳥早已被凍死了。

※

「明日復明日，明日何其多？我生待明日，萬事成蹉跎。」今天把事情推到明天，明天又把事情推到後天，一而再，再而三，事情永遠沒完沒了。只有那些善待今日的人，才會在「今天」奠定成大事的基石，孕育「明天」的希望。

我們每個人從生到死的時間都是差不多的，但是，在相同的時間裡，有些人能夠做很多事情，效率很高，而另一些人卻只能做極少的事情，沒有成就。原因就是因為他們不懂得珍惜時間，沒有養成善用時間的好習慣。

時間是平凡而常見的，它從早到晚都在運行，無聲無息的，一分一秒的運行著。而時間又是每個人生命中最寶貴的東西。

我們要想實現自己的理想，首先要養成合理利用時間的好習慣，因為良好的時間管理對我們的一生都有無窮的回報。

時間就是金錢，只有重視時間，才能獲取人生的成功。

巴爾札克說：「時間是人的財富、全部財富，正如時間是國家的財富一樣，因為任何財富都是時間與行動之後的成果。」巴爾札克是怎樣珍惜和利用時間的呢？讓我們看看巴爾札克一天的生活吧：

午夜，牆上的掛鐘敲了十二響，巴爾札克準時從睡夢中醒來，他點起蠟燭，洗臉，開始了一天的工作。這是最寧靜的時刻，既不會有人來打擾，也不會有債主來催款，正是他寫作的黃金時間。

準備工作開始了，他把紙、筆、墨水都放在合適的位置上，這是為了不要在寫作時有什麼事情打斷自己的思路。他又把一個小記事本放到書桌的左上角，上面記著章節的結構提綱。他再把為數極少的幾本書整理一下，因為大多數書籍資料都早已裝在他腦子裡了。

巴爾札克開始寫作了。房間裡只聽見奮筆疾書的「沙沙」聲。他很少停筆，有時累得手指麻木，太陽穴激烈的跳動，他也不肯休息，喝上一杯濃郁咖啡，振作一下精神，又繼續寫下去。

早晨 8 點鐘了，巴爾札克草草吃完早餐，洗個澡，緊接著就處理日常事務。印刷廠的人來取墨跡未乾的稿子，同時送來幾天前的樣書，巴爾札克趕緊修改。稿子上的空白被填滿了密密的字跡，正面寫不下就寫到反面去，反面也擠不下了，就再加上張白紙，直到他覺得對任何一個詞都再挑不出毛病時才停手。

修改的工作一直進行到中午 12 點。整個下午的時間，他用來摘記備忘錄和寫信，在信上和朋友們探討藝術上的問題。

吃過晚餐，他要對晚餐以前的一切略作總結，更重要的是，對明天要寫的章節進行細緻縝密的推敲，這是他寫作中一個非常重要的環節，一個必不可少的步驟。晚上 8 點，他放下了一切工作，按時睡下了。

這普通的一天，只是巴爾札克幾十年間寫作生活的一個縮影。為此，我們不難看出，一個人要想取得成就，就必須養成珍惜時間的習慣，因為時間是走向成功的保證。

有許多人生活了多年還沒弄清時間的價值。其實，我們每個人的時間都是有限的，而且再也不會增加了。然而，我們卻可以掌握對時間的需求，並更有效的利用我們能夠自由支配的時間。

誰掌管著我們能自由支配的時間？通常來說，我們的時間是根本不自由的。因為我們把自己緊緊束縛在別人的議事日程上，盲目的追隨著繁雜的事務，不管它對自己是不是有益處。

為了避免這種現象，我們必須管理好自己的生活 —— 也就是管理好自己的時間。下面是針對時間管理的幾種建議：

1. 如何支配贏得的時間

   其實，每天除了必須要做的事情外，每天至少可以獲得一兩個小時的時間另做他用。那麼擁有這些額外的時間之後，該怎麼運用呢？這是一個很重要的問題，因為如果不珍惜時間，我們的大部分時間就會在不知不覺中浪費掉。因此，我們要把握好自己所節省下來的時間並合理支配。

最好制定一個計畫來運用這些時間，並分配一定時間用於娛樂方面，去做一些使我們更接近於我們個人及職業目標的活動。我們只有以相當的毅力才能贏得這些寶貴的時間，所以一定要運用得當。

2. 每天做好計畫

沒有哪一位足球教練不在賽前向隊員細緻周密的講解比賽的安排和戰術。而且事先的某些計畫也並非一成不變，隨著比賽的進行，教練會根據賽情作某些調整。重要的是，開始前一定要做好計畫。

3. 最好為每一天和每一週訂個計畫，否則就只能被迫按照不時放在桌上的東西去分配自己的時間，也就是說，完全由別人的行動決定自己做事的優先與輕重次序。這樣我們將會發覺自己犯了一個嚴重錯誤 —— 每天只是在應付問題。

為自己的每一天訂出一個大概的工作計畫與時間表，尤其要特別重視自己當天應該完成的兩三項主要工作。其中一項應該是使自己更接近重要目標之一的行動。在星期四或星期五，照著這個辦法為下個星期作同樣的計畫。

請記住，沒有任何東西比事前的計畫能促使自己，把時間更好的集中運用到有效的活動上。研究結果證實：做一項工作時，花在制定計畫上的時間越多，這項工作所用的時間就會越少。不要讓一天繁忙的工作把我們的計畫表打亂。

4. 按日程表行事

為了更好的實施自己的計畫，建議每天規畫兩種工作表，而且最好在同一張紙上。這樣一目了然，也便於比較。

在紙的一邊或在自己的記事本上列出某幾段特定時間要做的事情，如開會、約會等。在紙的另一邊列出自己「待做」的事項——把自己計畫要在一天完成的每一件事情都列出來。然後再審視一番，排定優先順序。給最重要的事項標上特別記號。因此，自己要排出一、二段特定的時間來辦理。如果時間允許，再按優先順序盡量做完其他工作。不要事無鉅細的平均支配時間，要留有足夠的時間來彈性處理突發事項，否則就會因小失大無法完成主要工作。

「待辦事項表」有一項很大的特點，那就是我們通常根據事情的緊急程度來排定。它包括需要立刻加以注意的事項，其中有些很重要，有些並不重要，但是它有一個缺陷，通常不包括那些重要卻不緊急的事項，諸如我們要完成但沒有人催自己的長遠計畫中的事項和重要的專案。

因此，在列出每天「待辦事項表」時，我們一定要花一些時間來審閱自己的「目標表」，看看自己現在所做的事情是不是有利於自己要達到主要的目標，是否與其一致。

在結束每一天工作的時候，很可能沒有做完「待辦事項表」中的事項，不要因此而心煩。如果自己已經按照優先次序完成了其中幾項主要的工作，這正是時間管制所要求的。

不過這裡有一項忠告：如果把一項工作（它可能並不十分重要）從一天的「待辦事項表」上移到另一天的工作表上，且不只是一兩次，這表明自己可能是在拖延此事。這時就不要再拖延下去了，而應立即想出辦法並著手去做。

我們最好在每天下班前幾分鐘擬定第二天的工作日程表。對於那些成功的高級主管來講，這個方法是他們做有效的時間管理計畫時最常用的一個。如果拖到第二天上午再列工作計畫表，那就容易做得很草率，因為那時又面臨新的一天的工作壓力。這種情況下排定的工作表上所列的常常只是緊急事務，而漏掉了重要卻不一定是最緊急的事項。

帕金森教授（Cyril Parkinson）說得不錯，紛繁的工作會占滿所有的時間。

避免帕金森定理（Parkinson's law）產生作用的辦法似乎很明顯：為某一工作定出較短的時間，也就是說，不要將工作時間拉得太長，這樣我們就會很快的把它完成。這就是我們為什麼要定出每日工作計畫的目的所在。沒有這樣的計畫，我們對待任何工作都會產生惰性，因為沒有期限或者由於期限較長，我們感覺可以以後再說。如果我們只從工作而不是從可用時間上去著想，就會陷入一種過度追求完美的危機之中。我們會鉅細不分，且又安慰自己已經把某項次要工作做得很完美，這樣做的結果只能是主要目標落空了。

每天都能進步一點點

年輕的我們，如果想要完成自己的夢想，沒有其他的祕訣可言，或許就是每天進步一點點。每天進步一點點是簡單的。「每天進步一點點」重在「每天進步」四個字。所謂「每天進步」就是永不停止向前邁進的腳步，而不是今天進步超前，明後天就可以休息了。「每天進步一點點」的價值還在於對「一點點」的珍視上。阻礙一個人的成功通常不是那些顯而易見的大問題，而是一些平時不注意的雞毛蒜皮的小事。正是這些看似微不足道的小事，如果不用心解決掉，就能無休止的消耗人的精力。「天下難事必成於易，天下大事必作於細」。不凡見於細微，永恆藏於瞬間，一個人的境界就展現在那「一點點」的小事上。做好了「一點點」，成功自然會水到渠成。生活中之所以有的人不成功，不是因為他做不到，而是因為他不願意做簡單而重複的事情。很多時候，越簡單，越容易的事情，人們也越容易不去做它。

年輕的我們，如果每天都能進步一點點，哪怕只有1%的進步，試想，有什麼能阻擋得了我們最終實現夢想呢？事實上，打敗自己的往往就是我們自己，是自己忘記了每天進步一點點。我們應當懂得，成功者並不是比我們聰明很多，他們之所以能成功只是因為他們比我們每天多進步一點點。

或許一步登天我們做不到，但一步一腳印的前進我們絕對可以做到；一鳴驚人可能我們也做不到，但專心的做好一件事，我們也絕對可以做到；或許我們不可能成為天才，但每天進步一點點的習慣是絕對可能的。每天進步一點點，聽起來好像沒有沖天的氣魄，沒有立刻可摘的誘人碩果，也沒有轟動一時的聲勢，但細細琢磨一下，如果每天都能進步一點點，那簡直就是在默默的創造一個料想不到的奇蹟，在不動聲色中醞釀一個真實感人的神話。年輕的我們，不要小看這「一點點」。靈感，就多那麼一點點，便使我們於混沌中豁然開朗；智慧，就多那麼一點點，便使我們於危機中發現了轉機；勇氣，就多那麼一點點，便使我們於怯懦中增長了幹勁。每天進步一點點，不是可望不可及的，也不是可求不可遇的，只要我們不自恃清高、眼高手低，也不因昨天的榮譽而沾沾自喜。那麼，每天進步一點點，在平和的心境下就一定可以創造奇蹟。如果能讓每天的自己都活得踏實，那我們將不再只是枯燥的等待中迎接清晨。

每天進步一點點，需要我們每天都認真規劃，既不能急躁，又不能過分謹慎。每天進步一點點，只是為了讓自己進步，這只是出於嚴於律己的人生態度和自強不息的進步精神。每天勤奮一點點、每天完美一點點、每天主動一點點、每天學習一點點、每天創造一點點……只要每天進步一點點並堅持不懈，那麼，有一天我們就會驚奇的發現，在不知不覺中，我們已經脫穎而出了，具備了承擔更多責任的能力……只要在各項工作中每天進步一點點並長期堅持，那麼有一天主管就會驚奇的發現，在不知不覺中我們的各項業績已經鶴立雞群。任何人在追尋夢想的過程中都應該堅持到底、永不放棄，哪怕只是每天進步一點點。只要這樣，我們就會從容的邁向成功的彼岸。每天進步一點點，使每一個今天充實而又飽滿。每天進步一點點，終將使我們有精采的一生。

不積跬步，無以致千里；不積小流，無以成江海。那每天前進的一點點，會於瞬間實現飛躍。然而有時候，我們明明知道應該做什麼，卻沒有堅持下去的力量。道理每個人都懂，但是很少有人將這些道理付諸行動，而成功的人往往就是那些將這些道理變成行動的人。或許這裡可以借用一句話：「在一個行業做到最成功的人，往往不是最聰明的人，而是堅持到最後的人。」

年輕的我們要每天都積蓄能量，每天都堅持著讓自己行走出小小的一步，每天都告訴自己：今天我比昨天進步了。或許我們會說，有時候，前進是一種孤獨，但是前進的感覺無法比擬。我們得到了自己心靈的充實，使得自我得到了提升，我們慢慢的學會了獨立的與世界相處，學會了讓自己更強大，那種成長的力度和重量會讓我們感覺一切都值得。年輕的我們，要每天進步一點點，那夢想的大門便會向我們敞開。

機不可失，時不再來

年輕的我們要懂得抓住機遇。何為機遇呢？機遇是夜晚流星滑落的過程，是鳳凰涅槃重生的那一瞬的快樂，是勤奮耕作農田收穫莊稼時的那種充實。等著機遇垂青於我們？不！不是。機遇是要靠我們自己去爭取的，而不是傻傻的在那裡等待。」青春原本短暫，很多時候機不可失，時不再來。在人的一生中，學習、生活，工作的時間，其實是很短暫的。很多時候機遇就埋藏在我們前進的路上。抓住機遇或許就能改變我們的一生。在漫漫的人生旅途中，也許機遇只會降臨一次，也許它會無數次的光顧我們。但是，如果若不能及時的抓住它，它就會瞬間即逝。所以，能抓住機遇是一種能力，它會幫助我們在苦苦跋涉中來一次人生的飛躍，讓我們目睹勝利女神的微笑。

機遇往往是成功的關鍵。在現代社會上，機遇能給成功者帶來財富，也能給失敗者帶來希望，不少成功者也是依靠機遇去獲得成功和財富；而失敗者卻可以從黑暗中看到希望，靠著機遇來重新找到光明，獲得新的生活。機遇不但能使我們獲得成功，重新找到光明，從大體上看，還能使國家變得更加繁榮，更加富強。如果浪費了大量的時間，而荒廢了學業，不懂得如何生活，沒有事業追求，那豈不得不償失？

「相信我，人們缺乏的不是機遇，而是機遇來臨前的準備。」莎士比亞（William Shakespeare）如是說。

※

有一位傑出的指揮家，當時他只是一位名不見經傳的副手，雖然無緣走上指揮臺，拿起指揮棒，可是他一直沒有放棄。當樂團的人走光時，他嚴肅而鄭重的拿起指揮棒不斷的練習，直到有一天，總指揮因事不能參加演出，讓他代替，他在別人擔心的目光注視下，從容走上演臺，熟練的拿起指揮棒，演出十分成功，他也一夜成名。

別以為隨便拿起指揮棒都能指揮樂團，那需要平時的演練與準備，需要無數次的練習與汗水的流淌，指揮家以他的經歷告訴我們——機遇只寵愛有準備的人。上蒼對每個人都是公平的，他給了每個人一次機會，看誰能堅持下來。抓住這個機會，將會有好的前程。沒抓住的那個人，則會貧困、遺憾終身。

機遇稍縱即逝，要怎樣抓住機遇呢？機遇總是光顧那些孜孜不倦的奮鬥者，它從不肯與懶惰的人會面。我們假如遭遇了不公正的對待，我們不應當抱怨命運的不公，應當問自己這是否少做了什麼。同時，要抓住機遇也要動腦筋，發揮自己的聰明才智去爭取可能的機會。

看起來，機遇好像神祕莫測，但是有時候只需要抓對時機我們就能獲得它。我們要抓住這些機遇，抓住了，我們的人生就會走向一個不同的方向，迎接我們的將是開闊的視野和廣闊的天地。比爾蓋茲只讀了一年大學就退學了，但他就是抓住了加盟 IBM 公司這個機會，現在已成為世界首富。拿破崙可謂聰明絕頂，才華橫溢，但總得不到長官的青睞，在一次鎮壓政變中，他的軍事才能發揮了作用，至此一舉成名，以後便飛黃騰達，成為法蘭西共和國皇帝。

雪萊（Percy Shelley）說道：「過去屬於死神，未來屬於自己，趁未來還屬於自己的時候，抓住它吧！」人生的得失，關鍵在於機遇的得失。快跑的未必能贏，力戰的未必得勝。一味只知道埋頭苦幹的未必就可以春風得意、功成名就。在人生的道路上，年輕的我們要當機遇的「創造者」。如果能夠一馬當先，抓住機遇，哪怕只比別人早一小步，也會最終大獲全勝。

用知識充實我們的大腦

一個人在飢餓的時候，自然而然的靠吃飯來解決這個問題。我們每天填飽自己的肚子，那麼又該怎樣充實我們的心靈呢？大部分人都是在意外或偶然的情況下才會充實它。例如：在沒有其他事可做的時候才會這樣做。我們平時常常說沒有時間，這是一個可笑的藉口，如果每天有時間去填飽肚子，那麼是不是也應該花點時間來充實那幾乎是無價的頭腦呢？

※

吉格先生在紐約的卡內基學院當講師時，他曾經遇到了一位六十多歲的傑出推銷員，名字叫愛德。愛德是做廣告生意的，他的年薪有七萬五千美元。這筆收入在當時是一筆很大的數目。

一天晚上，吉格先生下課後跟他閒聊時，誠懇的問他：「為什麼你要參加三位講師合上的班級，而三位講師的薪水加起來還沒有你的多？」愛德笑著回答說：「吉格，我告訴你一個小故事。當我還是小孩子的時候，有一次，我父親帶我到花園去了一趟。父親可能是鄰里中最好的園丁，他喜歡在花園裡工作，並且以此為榮。我們回來以後，父親問我學到了什麼？當時我唯一見到的事情就是父親顯然在花園中做了許多工作。這時，他有點不耐煩的說：『孩子，我一直希望你能觀察到，只要蔬菜是綠的，它們就能生長，一旦成熟，它們就開始枯萎。』」

彼得．杜拉克（Peter Drucker）說得好：「知識必須經過不斷的改良、挑戰與增加，否則，它就會消失。」

墨西哥的市長曾要求該市的員警每個月至少閱讀一書，並且說：「閱讀能夠使我們自我完善，更關切他人感受，更好的表達自我；而只有更好的人，才能提供更好的服務。」

我們會花錢去修飾外貌，但有多少人會注意到要花同樣的代價去充實頭腦？我們應該定期讀書學習來滿足精神的飢渴，不斷的為自己充電加油，如果這樣，我們成功的機會就越大。

※

東漢唯物論哲學家王充，出生於「佃族孤門」，自幼聰穎好學，品行又好，因而十五歲那年被保舉進太學學習。王充十分珍惜這難得的學習機會，他離開家鄉上虞，來到京師洛陽，並有幸從師當時著名的史學家、文學家班彪。博覽群書的熱望，使得王充不僅閱覽了太學藏書，而且還光顧洛陽的各個書攤。因家境貧寒，無錢購買書籍，他經常在書攤前站著看書，經常一站一天，廢寢忘食。

王充就是憑藉自己驚人的意志，使得他成為了有影響力的大學者，被後世所記住。

生活中經常會有人發問，為什麼成功的人往往是積極的呢？反過來說，為什麼積極的人是成功的呢？他們之所以積極，是因為他們定期的以「良好、有力、積極的精神思想」來充實自己的心靈。就像食物是身體的營養一樣，他們也不忘每天補充精神食糧。讀書要「博學之，審問之，慎思之，明辨之，篤行之」，這樣才能從讀書學習中得到提高。

有人說：過去的時代是資本時代，由資本決定社會的發展；而現在則是知本時代，知識就是資本。知識經濟時代，就需我們改變觀念，掌握知識，依靠知識，創造財富，終身學習，這已成為這個時代的主旋律，也成為每個人的主要生活內容。年輕的我們當然要把學習充實自己放在第一位，因為這項工作如此偉大，與我們的生活息息相關。

作家梁實秋說：「最高之幸福，非快樂，非名譽，非財富，而是心靈之活動。」這種心靈的活動，這種無法言表的幸福，只有在不斷的學習中，在反覆的思考中才能真正體會。

學習是人天生的一種本事，人透過學習喚醒潛能，並在這過程中享受快樂。

很多人把學習看作是一件痛苦的事，一提起學習就感到頭痛。這就是填鴨式教育的重大失敗。

為什麼會這樣呢？這是因為考試的壓力產生的副作用。學習如果只是為了考試，那麼學習還有什麼意思呢？學習只能增加人的緊張、恐懼、厭煩等心理負擔。

其實學習本來就是人生的一種需要，培根（Bacon）曾經說過一句名言:「讀書給予人快樂，給予人光彩，給予人才幹。」有機會學習，能夠學習，本身就是一種享受。只是由於種種原因，我們把這種享受變成了痛苦，變成了負擔。

只要認識到這一點，我們就有可能改變現狀。

關鍵就是人們對待學習的觀念要改變，要全方位的理解學習，不要狹隘的理解學習。

這幾年，社會上到處都可以看到推廣學習方法的書，這些方法無疑可以使我們的學習現狀得到改觀，但是還必須結合我們自己的實際作為。盲目的照搬別人的東西，並不能獲得好的效果。

怎樣才能把學習變為一種快樂享受呢？

第一，要明確自己的目的。學習的目的是學習的動力，無目的的學習，既無效率，也無快樂可言。

第二，要有計畫的學習。無計畫就會陷入苦海之中，有計畫就會有收穫的快樂。

第三，帶著問題學習。有問題就會有興趣，在學習過程中解決了問題就會帶來快樂，我們就會享受到智慧的樂趣。

第四，在比較中學習。我們可以把自己現在的學習結果與以前的學習結果進行比較，在比較中就會發現自己進步了，我們就會體驗到樂趣。

學習要產生相對的效果，有了效果就會感到快樂，沒有效果就會感到苦惱。產生效果的最好辦法就是學用結合，把所學的知識與自己的生活實際結合起來，這樣就會發現學習的效果。

擺脫功利思想就會把學習的痛苦變為一種人生享受。有了功利思想，我們在學習時就會有負擔和壓力，我們自然就不會是逍遙快樂的學習知識了，達不到目的，我們的學習就變成了痛苦的根源。沒有功利思想，我們的學習就變得輕鬆自在，沒有負擔，沒有壓力，我們就能真正的享受學習的快樂。

年輕的我們，懂得學習是最棒的享受，這將會促使我們積極主動的去學習，而學習帶給我們的將是更多的樂趣和滿足。

你會善待自己嗎？

■ 測驗攻略

測驗意義：★★

準確指數：★★

測驗時間：20 分鐘

■ 測驗情景

每個人都會有自己的生活方式，但是有的人在某些程度上，對自己表現得很苛刻，老是對自己要求嚴格，也用同樣的標準去要求別人。你是不是這樣的人呢？

■ 測驗問答

1. 我覺得疼痛是一種賜予。

   A. 是　B. 否

2. 我在所有領域裡都是完美主義者，再小的不整潔都會讓我感覺難受。

   A. 是　B. 否

3. 我會因我的過錯嚴重而持續的懲罰自己。

   A. 是　B. 否

4. 我的內心不斷的告訴我，必須改變自己。

A. 是　B. 否

5. 我一天工作 10 個小時以上。

A. 是　B. 否

6. 我從來不背離事實，即使我會因此而樹敵。

A. 是　B. 否

7. 我經常承擔他人犯下的錯。

A. 是　B. 否

8. 當我無事可做時，我無法安靜下來。

A. 是　B. 否

9. 壓力越大，我的感覺就越好。

A. 是　B. 否

10. 當我感覺不太舒服的時候，我不會馬上去看醫生。

A. 是　B. 否

11. 每一種我看到的不公平，都能夠喚起我的鬥爭欲望。

A. 是　B. 否

12. 我的生活裡總是充滿危機。

A. 是　B. 否

13. 進行體能活動時，我覺得挑戰自己的體力極限是一種享受。
A. 是　B. 否

14. 在學校裡我和老師吵架的次數比和同學更多。
A. 是　B. 否

15. 我很少能代表自己的利益，但是會為他人爭取利益。
A. 是　B. 否

16. 即使遇到不順心的事情，我仍然對自己的處境感到滿意。
A. 是　B. 否

■ 測驗解析

評分標準：A 得 1 分，B 不得分。

7 分以下，對自己很好。

你對自己很好，所以，你認為把自己的生活變得艱辛是沒有意義的。你知道，需要英雄的地方往往環境和情況都不容樂觀。你也並不尋求這種讓人不舒服的、需要人具有特殊勇氣的地方。你寧可避免危機的出現，也不願意在危機中用勇氣證明自己、吹噓自己。這不是怯懦，而是謹慎和聰明。

7 ～ 12 分，喜歡尋求挑戰。

你經受了生活的考驗，你尋求挑戰。只有當你透過成就證明了自己的時候，你才能相信自己是一個有價值的人。因此你對自己要求過高，超出了適當的範圍。在這一點上，你表現出完美主義的傾向，但是你對此有不同的看法，把它看作勤奮或者特別的責任感。

12 分以上，對自己太苛刻。

你嚴格的要求自己，也同樣的要求其他的人。你在人生的道路上，所選擇的道路不是所有人都走的。這可能是勇敢的標誌。但是如果你是認真的，你會碰到危險。你經常由於不明智而使自己感到困惑，而又需要很大的勇氣來解決這些問題，因為你只有在危機中才能真正活躍起來。你困擾自己和懲罰自己的傾向總是大於愛護自己、享受生活的傾向。

■ 測驗結論

每個人在自己的哭聲中來到這個世界，在別人的哭聲中離開這個世界，這一來一去之間，便走完了生命的歷程。在這短暫的生命中，我們只有時時善待自己，才能感受生活給我們的精彩瞬間，才會覺得快樂。

Chapter4

心靈的覺醒

當你發現自己正被情緒所控制的時候，心靈的覺醒也就悄然而至。只是，心靈的覺醒從不與情緒為伍。心靈的覺醒正是你可以與情緒進行抗爭，不再受其頤指氣使的關鍵時刻。

不要讓紊亂的情緒傷了我們

一位經理滿懷憂愁回到家中。一整天下來，她的心情忙亂、苦惱、充滿攻擊性，並且隨時準備發怒。當她下班回到家裡時，也就帶回了困頓、匆忙與憂慮。對於丈夫和家人，她特別容易發怒。雖然在家裡絕不可能解決工作中的問題，但她還是一直想著辦公室裡的事。

情緒的紊亂會造成失眠。很多人休息的時候都帶著未解決的難題上床，他們在心理和情緒上仍然想要處理事情，而這時卻又是最不適宜做事的。

白天我們需要各種不同的情緒和心理。與老闆、顧客交談時，需要不同的心情，在跟生氣的或愛發脾氣的顧客交談之後，自己必須改變一下自己的心情，才能和下一個顧客交談。否則，帶著情緒做事是不適於處理其他問題的。

某間大公司發現他們的一個助理莫名其妙的以粗野、生氣的口吻接電話。這個電話恰巧是打到公司正在舉行的一個重要會議上的，那時這位助理正處在困境和敵意之中。不用說，她充滿敵意的口氣使打電話來的人吃了一驚，公司高層對這位助理的行為火冒三丈。當然，也為她自己帶來了麻煩。針對這件事，這家公司規定：以後所有的助理在接電話以前，必須先暫停五秒鐘，並且要微笑一下。

情緒的混亂還會引起意外。追查意外事件起因的保險公司及其代理人發現，很多車禍的發生都是由於情緒的混亂。如果司機和他的妻子或者老闆發生口角，如果他在某些事上遭受挫折，那他很可能會發生車禍。他並不是在生其他司機的氣，而是在為剛才的經歷發怒或沮喪，結果卻導致悲劇發生。

恐懼和生氣一樣有類似的作用。關於這一點，我們應該了解真正有益的情緒，就是友善、安寧、平靜以及鎮定。正如我們說過的，在完全輕鬆、安靜、泰然的狀態下，一個人不可能感到恐懼和憤怒，也不可能感到焦急不安。因此，我們不妨時時清理情緒，這樣可以除掉以前的壞情緒，同時，使鎮定、平靜、安寧的情緒融合到我們馬上要參加的一切活動中。

這樣做的效果是顯而易見的。

還有一種不合適的反應會引起煩惱、不安與緊張，那便是對不存在的東西過度反應的壞習慣。這種東西，只是存在於我們的想像之中。

我們許多人不會對實際環境中的小刺激反應過度，而卻在想像中誇大恐懼，老是想：也許會發生這種情況，要不就是那種情況，要是發生了我該怎麼辦呢？自找麻煩卻不自知。飛行傘教練發現，那些在起點停留太久的人，往往再也不敢跳下去了，因為他們已被自己過於豐富的想像嚇壞了！我們要知道：我們的神經系統無法分辨出真正的經歷或想像出來的經歷。

就我們的情緒來說，對憂慮的適當反應就是完全不去理睬它。在情緒上，我們要分析自己所處的環境，認識那些存在於環境裡的實物，然後自然的進行反應。為了要做到這一點，我們必須全心全意的關心現在所發生的事，要全神貫注。這樣我們的反應一定是恰當的，而對於虛構的恐懼，我們就不會有時間去注意了。

控制自己，把握人生

在成功的路上，很多人的失敗其實並不是缺少機會，或是資歷淺，而是缺乏對自己情緒的控制。憤怒時，不能遏制怒火，使周圍的合作者望而卻步；消沉時，放縱自己的萎靡把許多稍縱即逝的機會白白浪費。

上帝要毀滅一個人，必先使他瘋狂，因此我們必須學會控制自己，才能把握人生。

富蘭克林（Benjamin Franklin）的侄子波特是一個聰明的年輕人，很想處處比他身邊的人強，他尤其想成為一名大學者。可是，許多年過去了，波特的其他方面都不錯，學業卻沒有長進。他很苦惱，就去向富蘭克林求教。

富蘭克林想了想說：「我們去登山吧，到山頂你就知道該如何做了。」

山上有許多晶瑩的小石頭，非常迷人。每見到波特喜歡的石頭，富蘭克林就讓他裝進袋子裡背著。很快，波特就吃不消了。

「叔叔，再背，別說到山頂了，恐怕連動也不能動了。」他疑惑的望著叔叔。

「是呀，那該怎麼辦呢？」富蘭克林微微一笑。

「該放下。」

「那為什麼不放下呢？背著石頭怎麼能登山呢？」富蘭克林笑了。

波特一愣，頓時明白了。他向叔叔道了謝就走了。

從此，波特一心做學問，進步飛快，終於成就了自己的事業。

※

其實，人要有所得必要有所失，只有學會放棄，才有可能登上人生的極致高峰。一個人要想實現自己的理想，不能隨心所欲、感情用事，對自己的言行應有所克制，這樣才不致鑄成大錯。哪怕是對自己一點小的克制，也會使人變得強而有力。德國詩人歌德（Johann Wolfgang von Goethe）說：「誰若遊戲人間，他就一事無成，不能主宰自己，永遠是一個奴隸。」要主宰自己，必須對自己有所約束，有所克制。

那麼，怎樣才能培養自己過人的自制力呢？

1. 盡量保持理智：對事物認識越正確，越深刻，自制能力就越強。比如：有的人遇到不稱心的事，動輒發脾氣，訓斥謾罵，而有的人卻能冷靜對待，循循善誘、以理服人。為什麼呢？古希臘數學家畢達哥拉斯（Pythagoras）說：「憤怒以愚蠢開始，以後悔告終。」所以對自己的言行失去控制，最根本的就是對這種粗暴作風的危害性缺乏深刻的認識，因而對自己的感情和言行失去了控制，造成不良影響。

2. 培養堅強的意志：蘇聯教育家馬卡連柯（Makarenko）說過：「堅強的意志 —— 這不但是想什麼就獲得什麼的本事，也是迫使自己在必要的時候放棄什麼的本事。……沒有剎車的汽車非常危險，而沒有克制也就不可能有任何意志。」因此，反過來也可以說，沒有堅強的意志就沒有自制能力。堅強的意志是自制能力的支柱。意志薄弱的人，就好像失靈的閘門，對自己的言行不可能起調節和控制作用。

3. 用毅力控制愛好：一個人下棋入了迷，打牌、看電視入了迷，都可能影響工作和學習。毅力，可以幫助我們控制自己，果斷的決定取捨。毅力，是自制能力、果斷性和堅持性的表現。列寧是一個自制能力極強的人，他在自學大學課程時，為自己安排了嚴格的時間表：每天早餐後自學各門功課；午餐後學習理論；晚餐後適當休息一下再讀書。他過去最喜歡溜冰，但考慮到溜冰完容易疲勞，使人想睡覺，影響學習，就果斷的不溜了。他本來喜歡下棋，一下起來就入了迷，難分難捨，後來感到太花時間了，又毅然不做。溜冰、下棋看來都是小事，是個人的一些愛好，但要控制這種愛好，沒有毅然決然的果斷就辦不到。常常遇到這樣一些人，嘴上說要戒菸，但戒了沒幾天就又開始抽了。什麼原因呢？主要就是缺乏毅力。沒有毅力，就沒有果斷性和堅持性，就無法自制。可見，要具有強有力的自制能力，必須伴以頑強的毅力。

在生活中，我們感覺周圍的事物，形成我們的觀念，作為我們的評價，以及相對的判斷、決策等，無一不是透過我們的心理世界來進行，只要是經由主觀的心理世界來認識和觀察事物，就不可避免的會使我們對事物的認識和判斷產生偏差，受到非理性因素的干擾和影響。即使是繁瑣小事，投射到我們的心靈世界裡時，就可能變得極其複雜和豐富。

控制自己的情緒

我們在面對各種刁難時，常常會失去理性。有時候，我們很難控制自己的情緒，表現出某種神經質。

神經質的心理症狀是較為輕度的一種，它與一個人的 EQ 有一定的相關性。神經質的主要表現為沒有責任感，對批評反應強烈，甚至有時發生暴力行為，缺乏理智，有時說謊、易怒，自我中心等。其性格類型表現為常跟人衝突，有顯示自己力量的大膽舉動，傾向於惡意的解釋各種社會現象，以反抗的態度來表達自我。過分神經質的人應注意積極的調整自己的情緒，用理智的力量來控制、轉移和調整自己的心態。

※

1960年代早期的美國，有一位很有才華、曾經做過大學校長的人，出來競選美國中西部某州的議會議員。此人資歷很高，又精明能幹、博學多聞，看起來很有希望贏得選舉的勝利。但是在選舉的中期，有一個很小的謠言散布開來：三四年前，在該州首府舉行的一次教育大會中，他跟一位年輕女教師「有那麼一點曖昧的行為」。這實在是一個彌天大謊，這位候選人對此感到非常憤怒，並極力想要為自己辯解。由於按捺不住對這一惡毒謠言的怒火，在以後的每一次集會中，他都要站起來極力澄清事實，證明自己的清白。其實，大部分選民根本沒有聽到過這件事，但是，現在人們卻越來越相信有那麼一回事。大眾們振振有辭的反問：「如果你真是無辜的，為什麼要百般為自己狡辯呢？」如此火上加油，這位候選人的情緒變得更壞，也更加氣急敗壞、聲嘶力竭的在各種場合為自己洗刷冤屈，譴責謠言的散播者。然而，這卻更使人們對謠言信以為真。最悲哀的是，連他的太太也開始轉而相信謠言，夫妻之間的親密關係被破壞殆盡。最後他失敗了，從此一蹶不振。

人們在生活中有時會遇到惡意的指控、陷害，種種不如意更是經常會遇到的。有的人會因此大動肝火，結果把事情搞得越來越糟。而有的人則能很好的控制住自己的情緒，泰然自若的面對各種刁難和不如意，在生活中立於不敗之地。

※

1980 年，美國總統大選期間，雷根有一次關鍵的電視辯論，面對競選對手卡特對他在當演員時期的生活作風問題發起的惡意攻擊，他沒有絲毫憤怒，只是微微一笑，鎮靜的調侃說：「你又來這一套了。」

一時間引得聽眾哈哈大笑。他的冷靜反而把卡特推入窘境，從而為自己贏得了更多選民的信賴和支持，並最終獲得了大選的勝利。

缺乏自我控制能力的人想必已經明白，我們是生活在社會中，為了更好的適應社會、取得成功，自己有必要控制情緒，理智的、客觀的處理問題。但是控制並不等於壓抑，積極的情感可以激勵我們上進，加強我們與他人之間的交流與合作。如果我們把自己的許多能量消耗在抑制自己的情感上，不僅容易患病，而且將沒有足夠的能量對外界做出強有力的反應。因而一個高 EQ 的人應是一個能成熟的調控自己情緒情感的人。那麼，如何正確的調整自己的情緒呢？我們必須有正確的人生態度。在現實生活中，我們經常可以看到，面對同樣的環境和遭遇，人的情緒反應有很大的差異。正確的人生態度，能幫助我們調整看問題的角度，幫助我們想通許多問題，緩解不良情緒，培養積極、健康的情緒。具有寬廣的胸懷和豁達的心胸是保持積極、樂觀情緒的基本條件。那些在情緒上容易大起大落，經常陷入不良情緒的人，幾乎都是心胸狹隘的人。

如果能擴大自己的生活圈和知識面，在精神上充實自己，為豐富多彩的生活所吸引，不計較眼前得失，心胸自然就會豁達起來，情緒也不會如此波動了。要熱愛生活，學會調節人際關係。對生活缺乏情趣的人，或是人際關係不良的人，精神上沒有寄託，思想不安定，情緒就不穩定，容易變得神經質。反之，一個熱愛生活並具有良好人際關係的人，就會在自己的身邊形成一個比較和諧、融洽的氛圍。這種氛圍反過來從客觀上又讓自己進步，使自己心情舒暢、身心健康。

控制自己的憤怒

憤怒在某些情況下是一種自然的反應，但並不是在每一種情況下都要如此反應。我們所處的社會是靠彼此的合作和幫助才得以維持的。我們必須經常控制某些直覺的情感。重要的是，我們要承認別人與自己都有情緒存在——但是我們不能拿它當藉口，每次有什麼感覺，就毫無考慮的發洩出來，這樣做只是徒勞，有時還會得不償失，沒有任何意義。生活是忙碌的，所以要求人們去清點那些無須勞神的瑣事，然後果斷的將那些無益的小事拋棄，沒有必要去理它。

※

一位剛畢業的大學生，花費了很大精力找到了一個石油平臺鑽井隊的工作。工作的第一天，工頭要求他在限定的時間內登上幾十公尺高的鑽井架，把一個包裝好的漂亮盒子送到最頂層的主管手裡。他拿著盒子快步登上高高的狹窄的舷梯，氣喘吁吁、滿頭是汗的登上頂層，把盒子交給主管。主管只在上面簽下自己的名字，就讓他送回去。他又飛快跑下舷梯，把盒子交給工頭，工頭也同樣在上面簽下自己的名字，讓他再送給主管。

他看了看工頭，猶豫了一下，又轉身登上舷梯。當他第二次登上頂層把盒子交給主管時，渾身是汗，兩腿發顫，主管卻和上次一樣，在盒子上簽下名字，讓他把盒子再送回去。他擦擦臉上的汗水，轉身走向舷梯，把盒子送下來，工頭簽完字，讓他再送上去時，他有些憤怒，他看看工頭平靜的臉，盡力忍著不發怒，又拿起盒子艱難的一個臺階一個臺階的往上爬。當他上到最頂層時，渾身上下都溼透了，他第三次把盒子遞給主管，主管看著他，傲慢的說：「把盒子打開。」他撕開外面的包裝紙，打開盒子，裡面是兩個玻璃罐，一罐咖啡，一罐奶精。他憤怒的抬起頭，怒目瞪向主管。主管又對他說：「泡咖啡。」年輕人再也忍不住了，他「啪」地一下把盒子扔在地上，「我不做了！」說完，他看著扔在地上的盒子，感到心裡痛快了許多，剛才的憤怒全釋放了出來。這時，這位傲慢的主管站起身來，直視他說：「剛才讓您做的這些，叫做極限訓練，因為我們在海上作業，隨時會遇到危險，所以要求工作人員一定要有極強的抗壓性，承受各種危險的考驗，才能完成任務。可惜，前面三次你都通過了，只差最後一點點，你沒有喝到自己泡的美味咖啡。現在，你可以走了。」

有時，我們的憤怒情緒將會阻礙自己的發展。一個有所作為的人是不會被憤怒情緒所左右的。在關鍵時刻不能讓我們的怒火左右情感，不然我們會為此付出慘痛的代價。在現實生活中，也不乏因盛怒而身亡者。俗話說：「一碗飯填不飽肚子，一口氣能把人撐死」。人因怒而亡的事屢見不鮮。承受痛苦固然壓抑了人本身的快樂，但是成功往往就是在我們承受常人承受不了的痛苦之後，才會在某個方面有所突破，實現最初的夢想。可惜，許多時候，我們總是差那一點點，因為一點點的不順心而怒火中燒，這也正是很多年輕人的缺點，正如上例，一點小事都承受不了，最後的結果只能是丟了自己的工作。

「人生一世，草木一春」，短短的幾十年人生，何不讓自己活得快活一點，瀟灑一點，何必整天為一些雞毛蒜皮的小事而發怒呢？如果遇到中傷或誤解的事，度量大一點，裝裝糊塗，別人生氣我不氣，一場是非之爭就會在不知不覺中消失，我們也落得輕鬆，而等到最終水落石出，我們還會得到他人的敬重。

※

宋朝初年，有一位名叫高防的名將，他的父親戰死沙場，他 16 歲時被澶州防禦使張從恩收養，後來做了軍中的判官。有一次，一個名叫段洪進的軍校偷了公家的木頭做家具，被人抓獲。張從恩見有人在軍隊偷盜公物，不覺大怒。為嚴明軍紀，下令要處死段洪進以儆效尤。在情急之時，為了活命的段洪進撒謊，說是高防讓他做的。本來這點事也不至於犯死罪，張從恩對其的處理有些過頭，高防是準備為其說情減罪的，但現在自己已被他牽連進去，失去了說話的機會，還讓自己蒙上不白之冤，能不氣嗎？但轉念一想，軍校出此下策也是出於無奈，想到憑自己與張從恩的私交，應承下來雖然自己名譽受損，但能救下軍校的性命也是值得的。所以張從恩問高防是否屬實，高防就屈認了，結果軍校段洪進果然免於一死，可張從恩從此不再信任高防，並把高防打發回家。高防也不做任何解釋，便辭別恩人獨自離開了。直到年底，張從恩的下屬徹底查清了事情真相，才明白高防是為了救段洪進一命，代人受過。從此張從恩更信任高防，又專程派人把他請回軍營任職。雲開霧散之後，高防不但沒有喪失自己的地位，而且獲得了更多人的尊重。

現實生活中，讓我們發怒的事是隨時可能發生的，但作為一個頭腦冷靜的人，為了更好的、安寧的生活和工作，理智的處理各種不愉快，就需要控制憤怒，如果不忍，任意的放縱自己的感情，首先傷害的是自己。如對方是我們的對手、仇人，有意氣我們、激我們，我們不忍氣制怒，保持頭腦清醒，就容易被人牽著鼻子走，中了他人的計，到頭來弄個得不償失的下場，所以孔子云：「一朝之忿，忘其身，以及其親，非惑與？」

言下之意即因一時氣憤不過，就胡作非為起來，這樣做顯然是很愚蠢的。憤怒，展現的是理性的不完全。憤怒到極限時，最容易導致理性的喪失，說出本來不該說的話，做出本來不該做的事。所以要學會控制自己的情緒，不要輕易發怒。

遠離焦慮症

在日常生活中，我們不難聽到一些人尤其年輕人訴說自己的憂愁、煩惱，他們有一種強烈的浮躁心理。從心理學的角度而言，這是焦慮症的表現，是成長中不可避免的一種心理狀態。

焦慮症即通常所稱的焦慮狀態，又稱為焦慮障礙。焦慮症是指持續性精神緊張或發作性驚恐狀態，常伴有頭暈、胸悶、心悸、呼吸困難、口乾、頻尿、尿急、出汗、震顫和運動性不安等症狀。焦慮是無明顯原因的恐懼、緊張發作，並伴有自律神經功能障礙和運動性緊張。焦慮症在臨床上可分為急性焦慮發作和廣泛性焦慮症兩種類型。發病於青壯年期，男女兩性發病率無明顯差異。

焦慮症的病前性格大多為膽小怕事，自卑多疑，做事思前想後，猶豫不決，對新事物及新環境不能很快適應。發病原因為精神因素，如不能適應緊張的環境，遭遇不幸或難以承擔比較複雜而困難的工作等。

※

張琴琴是一位 20 歲的漂亮女孩，現就讀於某大學中文系。從大學一年級第二學期開始，她就出現了心理問題，主要表現為每到期末複習考試臨近期間，就緊張焦慮，還伴有較嚴重的睡眠障礙。她雖然是中文系的學生，但卻因為學程安排，還要學數學等理科課程。在中學時期，數理科就是她的弱項，所以才報考了中文系，不料到了這個系也要學數學，她感到負擔沉重。一年級的第二學期開學初，她就因數學等三科不及格進行了補考。於是導致她情緒十分低落。

還是在中學時，父母就對張琴琴抱有強烈的期望。老師也很器重她，所以只要學校或該縣市有競賽活動，不管是什麼競賽，老師都要選派她去參加。因此，她的課業負擔十分沉重。參加競賽前，老師要為她進行個別輔導，安排很多模擬考題讓她寫，雖然這對她的學習有所幫助，但她感到壓力很大，簡直不堪重負。老師當然是一片好心，她也認為應當對得起老師，因而深恐競賽失利，對各科的學習都抓得很緊很緊。但在心底深處，她對這種競賽性的考試很反感，對數理化的競賽更是頭疼至極。而老師卻總是對她說，這是莫大的榮譽，是學校和老師對她的重視。要她參加許多的競賽，她也只好硬著頭皮強記、強學、強練。每逢競賽，「戰前」的幾天她都要死背硬背、苦練苦算到深夜。

有天晚上，她正在宿舍強記第二天競賽科目的內容，恰逢鄰居在請客喝酒，猜拳行令的聲音很大，吵得她無法看書。她又急又氣，心中煩躁至極。就是從那個時刻，她心頭產生了強烈的怨恨：一恨老師總讓她參加各種競賽，使她疲憊不堪：二恨隔壁的人整夜吵鬧，擾亂了自己的複習；三恨家長不該讓她留在這讀這個使人疲於應付的知名中學。在這種焦慮怨恨的情緒狀態下，她一夜也沒睡著，第二天在考場上打了敗仗。而且從此就經常失眠、多夢，夢中總是在做數理競賽題，要不就是夢見在競賽時交了白卷。那一學期的期末考試，她全科失利，平均分數僅 70 分。

以後，只要臨近考試期間，就總是焦慮、心慌和徹夜失眠，為此，她第一次考大學因成績不佳而告終。只是由於她基礎很好，所以重讀後，第二次考大學被錄取到了現在這個大學。本以為進了大學的中文系可以從此擺脫煩人的數理科目了，不料仍要學習數學和物理，而且很有難度和深度，教學進度又很快，每一堂課講的內容很多，學起來極為吃力。第一學期期末考試，有三科被當，心情十分沉重，因為這對她來說是前所未有的事。於是，她經常感到心慌、焦慮、難以入眠。加上宿舍裡的室友每晚熄燈後都要談天說地，而她卻只有在關燈後盡快安靜入睡才能睡得著，所以經常是大半夜都睜著眼望著牆壁，無法入睡。期末考試來臨之際，她的神經就繃得更緊了，越緊張就越難入睡。到了白天就精神不佳，無法集中注意力聽課，也難以靜下心來複習，所以考試成績連續三學期都排名在倒數一二名上。但是，她也並不是時時刻刻都感到緊張、焦慮，她在每學期的前半期情況都比較好，因為距離考試還有很長時間，壓力不大，所以身心都比較放鬆。

張琴琴在中學那次競賽失眠以前，並不懼怕考試，因為她從小學習不錯，記性好，深得老師賞識，過去的考試成績一般都較好，考前也不會畏懼。中學的那一次競賽失利與賽前受干擾而激起的種種怨恨情緒交織在一起，使她對考試產生了畏懼。進入大學後第一學期有三個科目要補考，又強化了對考試的恐懼。因而張琴琴產生了強烈的焦慮心理。

應該指出，學習與考試焦慮是大學生心理諮商中常見的問題。特別是學習基礎較差的同學和性格內向敏感、學習方法不靈活的同學，更易產生此類問題。如果伴有失眠和神經衰弱的症狀，治療就更費力，需進行多方面、較長期的諮詢和治療。

當然，焦慮在正常人身上也會發生，這是人們對於可能造成心理衝突或挫折的某種特殊事物或情境做出反應的一種狀態。這些事物或情境包括一些即將來臨的可能造成危險或災難、或需付出特殊努力加以應付的東西。如果對此無法預計其結果，不能採取有效措施加以防止或予以解決，這時心理的緊張和期待就會發生焦慮反應。過度而經常的焦慮就成了焦慮症。

治療焦慮症一般以諮商療程為主，配合藥物治療。當然首要問題是，焦慮症患者應學會自我調整和治療。改變自己的態度，以正面的角度看待事物，危機也可能是轉機；保持樂觀，缺乏信心時，不妨以過去的成就與未來的美好前景鼓勵自己；在感到焦慮的時候，可以按摩肌肉以緩和腎上腺素（Epinephrine）的分泌，按摩太陽穴紓解疼痛及鬆弛頸部的肌肉。此外還要積極參加藝文及體能活動，包括聽輕鬆音樂、打球、跳舞等，都能迅速減輕焦慮。

從空虛狀態中解脫出來

在生活中，空虛往往會在不經意間侵襲人的心頭。有空虛感的人起床後覺得今天也不過如此，明天也不過如此，也許以後都會如此。空虛就像飄在夜空中的最後一層濃霧，不能驅散，四處彌漫。空虛沒有味道，沒有顏色，就像空氣一樣永遠存在，一深呼吸就充溢整個胸腔，使人的內心會隱隱的痛，雖不椎心刺骨，卻慢慢的讓你越來越心神不寧，無論被外界怎樣刺激也無關痛癢。

曾有個年輕人在日記上這樣寫道：

「剛讀高中的時候，我還沒有什麼煩惱，可是從高一下學期開始，無論何時何地我總會感到一陣陣煩躁，煩躁的原因有來自生活上的，也有來自課業上的。」

「在課業上我一直是中上水準，可後來不知怎麼搞的，大概是幾次考試失利的緣故吧，我對學習毫無動力，成績也落後了，班導找我談了幾次，我也沒什麼變化，我對什麼都無所謂了。想來想去，覺得生活沒意思，真的沒意思。同學們都在那裡學習，可是課業好了又有什麼用呢？究竟為了什麼呢？成績再好也免不了生老病死。學校有時也辦一些活動，但內容幾乎和小學生一樣，各種各樣的競賽只不過是些幼稚的活動，我真的覺得很無聊。家裡，爸爸每天炒股票，打麻將，對我的課業一點也不關心；媽媽除了做家事，只會每天盯著我，嘮嘮叨叨說個不停，一下說我頭髮太長了，一下又數落我東西沒放整齊……事無鉅細，她都要嘮叨一番，我都替她累。有時夜深，獨自坐在書桌前，望著一大堆功課，我會想很多：活著真沒意思，就這樣一天天混下去也不知有什麼結果，真想離開這個灰暗的人生，有個新的開始……」

在我們的成長過程中，很多人會不停的追問生命（生活）的意義，其實答案是很豐富的。但是如果碰巧接觸生活的很多陰暗面，得到的是「生命本無意義」的答案，他們往往就會感到痛苦、無聊，甚至覺得生活沒意思，相對的就會產生空虛感。我們常說，事物都有兩面性，所以即使當生活的硬幣翻到消極的一面，也要學會用積極的心態去看待這個世界。

從心理學的角度看，空虛是一種消極情緒。這是它最重要的一個特點。被空虛所乘機侵襲的人，無一例外的是那些對理想和前途失去信心，沒有正確認識生命的意義的人。他們或是消極失望，以冷漠的態度對待生活，或是毫無朝氣，遇人遇事便搖頭。為了擺脫空虛，他們或抽菸喝酒，打架鬥毆，或無目的地遊蕩、閒逛，耽於某種遊戲，之後卻仍是一片茫然，無謂的消磨了大好時光。空虛帶給人的，只有百害而無一利。

那麼，我們在生活中該怎樣擺脫空虛感呢？從下面的寓言中我們或許能感悟到真諦：神孜孜不倦的造人，一個一個的造出來又一個一個的被魔吃掉。有一天，魔終於忍不住了，暴怒的對神吼道：「你不要再造人了，再造人，我連你一起吃了！」神的眼裡淌出了淚，說：「可是我總得有事做呀！否則我會很寂寞的。」魔沮喪的垂下了頭，低聲說：「我也是。」

我們每天重複的做著許多事，其實就是為了逃避空虛。

空虛是無盡的黑暗，是糾纏的恐怖，是沒有血肉的空空袍袖，是理也不清，斷也不斷的蜘蛛網。現實生活中，擺脫空虛感可以採用以下 5 種方法：

1. 調整需求目標。空虛心態往往是在兩種情況下出現的。一是胸無大志；二是目標不切實際，使自己因難以實現目標而失去動力。因此，擺脫空虛必須根據自己的實際情況，及時調整生活目標，從而調動自己的潛力，充實生活內容。
2. 求得社會支持。當一個人失意或徘徊時，特別需要有人給予力量和支持，予以同情和理解。只有獲得社會支持，才不會感到空虛和寂寞。

3. 博覽群書。讀書是填補空虛的良方。讀書能使人找到解決問題的鑰匙，使人從寂寞與空虛中解脫出來。讀書越多，知識越豐富，生活也就越充實。
4. 忘我的工作。工作是擺脫空虛極好的措施。當一個人集中精力、全身心投入工作時，就會忘卻空虛帶來的痛苦與煩惱，並從工作中看到自身的社會價值，使人生充滿希望。
5. 目標轉移。當某一種目標受到阻礙難以實現時，不妨進行目標轉移，比如從學習或工作以外培養自己的休閒愛好（繪畫、書法、打球等），使心情平靜下來。當一個人有了新的樂趣之後，就會產生新的追求；有了新的追求就會逐漸完成生活內容的調整，並從空虛狀態中解脫出來，迎接豐富多彩的新生活。

當我們和空虛頑強鬥爭的時候，請記住普希金（Alexander Pushkin）的這句詩：「生活不會使我厭倦。」

偏激的心理要不得

性格和情緒上的偏激，是一種心理疾病，是為人處世的一個不可小覷的缺陷。它的產生源於知識上的極端貧乏，見識上的孤陋寡聞，社交上的自我封閉意識，思維上的主觀唯心論等等。這種性格上的缺陷常常讓人們率性而為，將精力投入到毫無意義的事情上，只會是離成功越來越遠。因此我們只有善於克制這種缺陷，才能奮發向上。

一個人有主見，有頭腦，不隨人俯仰，不與世沉浮，這無疑是值得稱道的好品格。但是，這還要以不固執己見，不偏激執拗為前提。無論做什麼事情，都應當多一點彈性。死守一隅，坐井觀天，把自己的偏見當成真理至死不悟，這無論是對自己還是對待他人，都沒有一點益處。

三國時代，漢壽亭侯關羽，過五關、斬六將，單刀赴會，水淹七軍，那是何等的英雄氣概！可是他致命的弱點就是不善於克制情緒，固執偏激。當他受劉備重託留守荊州時，諸葛亮再三叮囑他要「北據曹操，南和孫權」，他不以為然。不久，吳主孫權派人來見關羽，為兒子求婚，關羽一聽大怒，喝到：「吾虎女何肯嫁犬子乎！」這本來是一次很好的「南和孫權」的機會，卻鬧得孫權沒臉下臺，導致了吳蜀聯盟的破裂。最後兵戎相見，關羽也落個敗走麥城、被俘身亡的下場。關羽不但看不起對手，就是自己的同僚也不放在眼裡，名將馬超來降，被封為平西將軍，遠在荊州的關羽大為不滿，特地給諸葛亮去信，責問說：「馬超的才能比得上誰？」老將黃忠被封為後將軍，關羽又當眾宣稱：「大丈夫終不與老兵同列！」目空一切，氣量狹小，盛氣凌人，其他的人就更不在他的眼裡，一些受過他蔑視甚至侮辱的將領對他既怕又恨，以至於當他陷入絕境時，眾叛親離，無人援救，促使他迅速走向滅亡。

現實生活中，像關羽這樣的個人主義英雄還是不少的，然而隨著競爭程度的加大，個人的單打獨鬥漸漸被團隊精神的較量取而代之。因此，只有正確看待別人的人才能立足於能精誠團結的團隊，才能共同進步，從而成就一番事業。

※

某出版公司的老闆深知能力的重要，他在招聘時打破傳統的偏見，新員工進來之前都要進行考核，以考核結果而非學歷高低決定是否錄取，所以他的記者、編輯都非常出色，而且都很能吃苦。尤其是一個體育雜誌的女編輯，身體患有嚴重的殘疾，在這之前，她找過很多工作，都被拒之門外，但是這位老闆看中了這個女孩的文筆和才能，以及她對體育的深深迷戀和廣博知識。於是這個女孩成了一名體育編輯，一年以後成了主編，並且做得非常出色。這位精明的老闆就是如此，所以在同類雜誌中，他的雜誌一直都保持了非常獨到的品味和特色。

打破偏見，獲利的往往是自己。有些公司招聘員工，很多時候都是看學歷、英文程度，也不管這個公司這個職位是否需要這樣的文憑，總之，就是文憑決定一切。其實很多工作需要的是技能而非那一紙文憑，那張文憑所能證明的只是他的學習經歷，並不能說明他是否適合這份工作。

生活中，我們常常把那些頭腦不開竅、固執的人稱作性格和情緒上的偏激。在很多時候造成這種偏激的原因是對事物持有的某種觀點和信念，而這種觀點和信念其實並不符合客觀事實，甚至與邏輯推論相違背。嚴重的偏見會為我們的生活帶來不必要的困擾，還會阻礙我們的進步和發展。其實，走出這種偏激心理是一件很容易的事情，只需要變個方向就行。要克服「一葉障目，不見泰山」的偏激心理，最好的方法是對症下藥，豐富自己的知識，增廣自己的閱歷，培養辯證思維能力，全面、靈活、完整的評價事物，冷靜、客觀的看待問題。同時，多參加有益的社交活動，培養勇敢、頑強、堅韌、機智、果斷、團結、互助等良好的意志和心態，有效的增強自制力。此外，還要掌握正確的觀點和思維，不放縱、遷就自己，說話、做事多冷靜思考，這樣才能有效的克服偏激心理。

不要讓仇恨心理扼殺了我們

很多人都說過，世上最可怕的不是搶劫，不是殺戮，不是死刑，而是人與人之間相互憎恨的情感 —— 仇恨。的確，仇恨作為最黑暗邪惡的一種情感，它破壞了人與人之間的關係，摧毀了我們的社會，葬送了不可勝數的生命，也吞噬了我們的健康。

※

不要讓仇恨心理扼殺了我們

一個年輕人在一家酒吧暢快的痛飲著，好像一天要把一生的酒都喝光似的。酒保有些不安，就試探著問他：「先生，您喝了這麼多酒啊？」

年輕人很解氣的說：「我今天要喝個痛快，一會兒我要做一件忍了很久的事。」酒保不解的問：「什麼事啊？」

「我天生駝背，有一個十分討厭的傢伙，每次遇到我都會在我背上重重的拍一巴掌，這讓我感覺很不舒服。我告訴過他很多次了，別這麼做，可是他就是不聽。現在，我已經在自己的後背上暗藏了一個炸彈，過會兒，我就要去找他，等他再拍我的時候，肯定會把他手炸個稀巴爛！」他很解氣的說。

酒保嚇得目瞪口呆：「啊！那你不是也被炸死了嗎？」

「無所謂，只要能看到他的手炸得稀巴爛，我比什麼都高興！」

看了上面這個誇張的故事，我們可能會笑他愚蠢之極。不過回過頭來想一想，自己是否也常常做出這種傷人又害己的事情呢？當我們在受到外界或他人的傷害或者外界滿足不了自己的某種欲望時，我們的心中肯定也曾產生這樣一種報復心理。

報復心理是指以幻想甚至計畫以攻擊的方式，對那些曾給自己帶來傷害或不愉快的人發洩不滿的一種心態。

在日常生活中，有兩種人容易產生報復心態。一種是「悶葫蘆」型，這類人往往心胸狹窄、嫉妒心強，遇到挫折後，對主管、同事產生敵對情緒和報復行為。另一種是「鞭炮」型，這類人遇事激動，脾氣火暴，性情急躁，凡事急急忙忙，爭強好勝，容易動怒，遇事不能冷靜下來，易產生偏激的報復心態。

產生報復心理的原因很多，主要有以下幾個方面：

1. 在個人的物質、精神需要得不到滿足、又不能正確對待時容易產生。
2. 在遭到主管、朋友、家人及親屬的善意批評時，認為是某人和他「過不去」，產生報復心態並實施報復手段。
3. 在婚戀生活出現問題，尤其是相戀了許多年，花了大量錢財後，戀愛對象提出分手，就感到被矇騙、被耍弄、被拋棄，憤怒的情緒難以排解時就會產生強烈的報復之心。
4. 在與別人發生矛盾時，不能正確對待，用犯罪手段發洩、報復他人。
5. 在遭遇不公正對待或遭遇突發事件時承受不住打擊。
6. 在朋友遇「難」需要「兩肋插刀」，或親人受辱時，出於義氣，不靠正道解決問題，用暴力為朋友、親人討回「公道」。

仇恨是人性中的一處心理死結。仇恨就像盤踞在心靈上面的一條毒蛇，當人們能控制仇恨時，仇恨就不會帶來危害，可一旦仇恨失去控制，就會給人帶來致命的傷害。

1. 報復心理是走向犯罪深淵的根源：人的行為都是由意識所支配的，意識的產生是人類深思熟慮的昇華所在。報復心理發展到不可控制的地步，常常會失去理智，導致犯罪。

   英國哲學家培根說：「運用違法手段報復他人，將使你的仇人占兩次便宜。一次是他冒犯你時，二次是你因為報復他而被懲罰時。」儘管培根所說的報復行為與我們所說的報復行為有所不同，但我們仍可以從中悟出一個道理，那就是以違法行為實施報復者必然自食其果。

2. 報復心態是影響人身心健康的根源：當一個人的心理累積了過多戾氣，他就會變得身體僵硬，做事偏激，易怒，卻又膽小，氣息虛弱，思維混亂，精神緊張而缺乏安全感。

   人是一個身心健康不可分離的整體，對於一個健康的個體來講，也應該同時兼顧這方面。心理是人類行為的主宰，只有健康的心理才能導致健康的行為，才能擁有一個幸福的人生。所以，一個明智的人，都應該選擇一條通往心理健康之路。

在生活中，人們總會遇到很多不如意的事，或是與人發生矛盾，難免有「以其人之道還治其人之身」的心理。但這樣做不但不會給自己帶來好處，很可能會觸犯法律，引起悲劇。同時，報復心態對健康也有百害而無一利。

那麼，該怎樣消除自己的報復心態呢？

1. 拓展視野，增長見識

俗話說，壺小易熱，量小易怒。一個見多識廣的人，不會為眼前的得失而感到迷惑和憤怒，也不會為了生活中的小事而激動。把時間多花在增長見識上，就不會把別人對自己的偏見與評價放在心上，自然也就消除了報復心態。

2. 用寬容淡化仇恨

釋迦牟尼說：「以恨對恨，恨永遠存在，以愛對恨，恨自然消失。」當仇恨充斥著我們內心時，我們應該懂得用寬容去化解一切怨恨，讓大家都生存在寬容的陽光和清風下。

3. 學會換位思考

在人際社交中，不可能沒有利害衝突。我們在遭受挫折或不愉快時，不妨進行一下同理心，將自己置身於對方的境遇之中，想想自己會怎麼辦。只有設身處地，以心換心，才能真正理解人，從而摒棄報復心理。

4. 多考慮報復的危害性

當想要報復他人的時候要先想想：從報復行為中體會到一時的「解氣」和對報復對象造成危害時，自己會不會得到對方更大的反報復？會不會受到社會輿論的譴責？會不會觸犯刑律？要知道，欲加害於他人的人，最終多半是害了自己。

每個人受到傷害以後，都會想方設法減輕自己的痛苦，這是人的生存本能，無可厚非。可是，把自己的痛苦加倍放大，然後轉嫁到別人身上去的報復心理是極端有害的，這樣既無法挽回自己所受的損失，甚至還會賠上自己的健康、幸福和生命。所以，我們必須消除這種不健康的心理，透過加強自身修養、開闊心胸、提高自制能力，讓自己在陽光雨露下生活。

走出憂鬱，改變命運

憂鬱是一種消極而低落的情緒，人置身其中就彷彿處在陰暗的圍牆之中，無法體會到開朗、灑脫、豁達的人生境界。

如果我們想實現自己的理想，就必須從憂鬱中走出來。若想改變某些人容易憤怒或急躁的性格，不是一件困難的事，但是想改變他們憂鬱的心理卻很不容易。因為憂鬱代表一種消極的意識和自我折磨的心態。情緒管理能力不高者，很難走出憂鬱的陰影。

憂鬱與其他疾病不同，憂鬱瓦解人們的意志，消耗人們的精力。它不是單一的病症，它有很多種類型，其症狀也各不相同。一些人的憂鬱是由家庭、人際關係或與社會隔絕等問題所造成的；另一些人的憂鬱似乎與他們早期苦難的生活經歷有關；還有一些人的憂鬱與遺傳有關，使得他們具有憂鬱的易感性；更有一些人其憂鬱根源於某些生活上的事，諸如失業、生病、意外、貧窮或重大的財產損失問題。當然，人們或許有其中一種或多種問題，因此毫不奇怪，我們對付憂鬱，需要各種治療方法和手段，不過對一個人有效的方法或許對另一個人無效。因此，只有根據自己的實際情況出發，才能得到徹底的恢復。

如果想擺脫憂鬱，改變自己的命運。那麼不妨根據自己的情況，試試以下三種方法。

1. 合理安排日常生活：憂鬱的人對日常必須參加的活動常常會感到力不從心。因此，我們應對這些活動進行合理安排，以使它們能一件一件的完成。以臥床為例，如果躺在床上能使我們感覺好些，躺著無疑是一件好事。但對憂鬱的人來說，事情往往並非這麼簡單。他們躺在床上，並不是為了休息或恢復體力，而是一種逃避的方式，因為沒有應當做的事。我們會為這種逃避而感到內疚、自責。床看起來是安全舒適的地方，然而，長此以往，憂鬱的人會更加糟糕。因此，最重要的是，努力從床上爬起來，按計畫每天積極做一件事情。

   有時，一些憂鬱的人常常帶著這樣的念頭強制自己起床：「起來，你這個懶蟲，你怎麼能整天躺在這呢？」其實，與之相反的策略也許會有幫助，那就是學會享受床上的時光，每週至少一次，我們可以躺在床上看報紙，聽聽音樂，並暗示自己：這多麼令人愉快。自己應當學會，在告訴自己起床做事情的時候，不再簡單的「強迫自己起床」，而是鼓勵自己起床。因為躺在那兒想自己所面臨的困難，會使自己感覺更糟糕。

2. 換一種思考方式：對抗憂鬱的方式，就是有步驟的制訂計畫。儘管有些麻煩，但請記住，這正是在訓練自己換一種方式思考。如果腿斷了，我們將會循序漸進的復健，直至完全康復。有步驟的對抗憂鬱也必須是這樣的。現在，儘管令人厭倦的事情沒有減少，但我們可以計畫做一些積極的活動，即那些能給自己帶來快樂的活動。例如：如果我們願意，可以坐在花園裡看書、外出訪友或散步。有時憂鬱的人不善於在生活中安排這些活動，他們把全部的時間都用在痛苦的掙扎中，一想到衣服還沒洗就跑出來，便會感到內疚。其實，我們需要積極的活動，否則，就會像不斷領取銀行的存款卻不儲蓄一樣。積極的活動相當於我們銀行裡有存款，哪怕我們所從事的活動，只能給我們帶來一點快樂，我們都要告訴自己：我的存款又增加了。這樣，我們就會擁有一個良好的心態了。

3. 豁達的人生態度：不幸的人只記得不幸的內容，幸福的人則只記得一生中高興的事。

※

三伏天，禪院的草地枯黃了一大片。「快撒點草種子吧！好難看啊！」小和尚說。師父揮揮手：「隨時！」中秋，師父買了一包草種子，叫小和尚去播種。秋風起，草種子邊撒邊飄。小和尚喊：「不好了！好多草種子都被吹飛了。」師父說：「沒關係，吹走的多半是空的，撒下去也發不了芽。」撒完草種子，跟著就飛來幾隻小鳥啄食。小和尚急得喊道：「草種子都被鳥吃了！」師父說：「沒關係！草種子多，吃不完！」半夜一陣狂雨，小和尚一大早便衝進禪房說：「師父，這下可完了，好多草種子被雨沖走了！」師父說：「沒關係，沖到哪就在哪發芽了。」一個星期過去了，原本光禿禿的地面，居然長出許多青翠的草苗。一些原本沒有播種的角落，也泛出了綠意。

在漫長的旅途中，失意並不可怕，受挫折也無需憂傷。用豁達的態度去迎接它，把艱難險阻當成是人生對我們的另一種形式的饋贈，坑坑窪窪也是對我們意志的磨礪和考驗。有了這種觀念，才不會終日鬱鬱寡歡，才不覺得人生太壓抑。懂得了這一點，我們才能挺起背脊，披著溫柔的陽光，找到充滿希望的起點。

憂鬱的人的自責是徹頭徹尾的。在不幸事件發生或衝突產生時，他們認為這全是自己的錯。當我們犯有過錯，或僅有一點過錯時，我們會出現承擔全部責任的傾向。然而，生活中的事是各種情境的組合體。當我們憂鬱的時候，換個角度思考，找出造成某一事件的所有可能的原因，會對我們有較大的幫助。我們應當學會考慮其他可能的解釋，而不是僅僅責怪自己。

你的克制力有多強？

■ 測驗攻略

測驗意義：★★★★

準確指數：★★★

測驗時間：15 分鐘

測驗搭檔：朋友、同事。

■ 測驗情景

人與動物的區別最重要的一點就是人有克制力，這種克制力大大超出了動物的本性。而在很多時候，人與人的差別，正是展現在克制力上。

■ 測驗問答

1. 當你正要去上班時，你的朋友打來電話，讓你幫助他解決心中的苦悶，你怎麼做？

   A. 耐心的聽，寧可遲到。

   B. 在電話中禁不住埋怨道：「喂，你知道我必須去上班呀！」

   C. 告訴他你願意聽他說，不過遲到要挨罵，可能還要扣錢。

   D. 向他解釋上班要遲到了，不過答應午休時間打電話給他。

2. 在星期天，你忙了一整天把房間打掃乾淨，可是你的愛人一回家就問飯有沒有準備好，你怎麼辦？
   A. 雖然你心裡想出去吃飯，但是仍然很勉強的煮了這頓晚餐，然後責怪他太不體貼人。
   B. 大發雷霆，命令他自己煮飯。
   C. 氣得當晚不吃飯。
   D. 對他說：「我實在很疲倦，我們到外面吃飯吧。」
3. 中午感覺肚子非常餓，一下班就到在餐廳裡要了一份便當，但是菜的味道太鹹，你怎麼辦？
   A. 向同桌的人發牢騷。
   B. 破口大罵，粗魯的責備廚師無用。
   C. 默默的吃下去，然後把碗筷搞得亂七八糟。
   D. 平靜的告訴服務員，然後吃下去。
4. 你的朋友向你借新買的照相機，而你自己尚未好好用過，你怎麼辦？
   A. 借給他，但是滿腹牢騷。
   B. 提醒他有一次你向他借，他不肯借，當時你的心情如何。
   C. 騙他說已經借給別人了。
   D. 告訴他你想先用一個星期，然後再借給他。
5. 你辛苦了一天，自以為對今天的工作相當滿意，卻不料你的主管卻大為不滿，你怎麼辦？
   A. 不耐煩的聽他埋怨，心中滿是委屈，但不作聲。

B. 拂袖而去，認為自己不應該受委屈。
C. 把責任推向他人。
D. 注意自己做得不夠的地方，以便今後改正。

6. 在電影院裡不准吸菸的，但你臨座的人偏偏吸菸。正好，你是比較討厭菸味的，你應該怎麼辦？

A. 很反感，希望其他人會向這個人提意見。
B. 大叫吸菸是令人討厭的習慣，並叫工作人員來制止。
C. 用手捂住臉部，露出一副不贊同的樣子。
D. 問此人是否知道影劇院是不准吸菸的，並指給他看「嚴禁吸菸」的牌子。

7. 一位熱情的售貨員向你介紹了很多產品，但你都不滿意，你怎麼辦？

A. 買一件你並不想買的東西。
B. 粗魯的說這些產品的品質不好。
C. 向他道歉，說是你的朋友託你給他買東西，不能買朋友不喜歡的東西。
D. 說一聲謝謝，然後離去。

8. 你的愛人說你最近胖了，你怎麼辦？

A. 偏偏吃得更多一些。
B. 回敬他幾句，不要他多管閒事。
C. 告訴他如果他少買一些雞蛋、肉，你就不會變胖了。
D. 認真對待這個問題，開始減肥。

■ 測驗解析

評分標準：選擇答案多數為 A，屬於 A 型；選擇答案多數為 B，屬於 B 型；選擇答案多數為 C，屬於 C 型；選擇答案多數為 D，屬於 D 型。

A 型：過度有克制力。

你是個非常有克制力的人，但有時你過於委曲求全，對一切事情總習慣採取消極被動的態度，對任何心存異議的事都放棄發表意見。所以，你應該盡快學會讓自己快樂。適時的張揚一下個性，對你是很有必要的。

B 型：克制能力較差。

你幾乎是個「好戰分子」，克制能力比較差，往往一件小事都會讓你暴跳如雷。實際生活中，你在表面看來似乎很有權威，但在身後卻可能有不少人在抱怨，甚至憎恨你。

C 型：比較有克制力。

你比較有克制能力，善於隱藏心中的好戰情緒，而以相對緩和的方式處理日常矛盾。只是有時表現的心機過重，不夠坦率，不讓人能完全理解和信任。

D 型：非常優秀。

在控制力方面，你無疑是很優秀的，且張弛有度。你完全清楚如何安排自己的生活，你真誠坦率、尊重他人，這些都讓你有不錯的人際關係。

■ 測驗結論

歌德說：「誰不能克制自己，他就永遠是個奴隸。」在我們的生活中，學會善於克制自己，才有可能走向成功，擁有完美無憾的人生。而克制不住熱情和欲望的魔力，被它們所牽制，揚其波逐其流，就難以成就事業，甚至走向自取滅亡的可悲境地。但是有些時候，不能讓自己的克制變成了消極被動的態度。

Chapter5

還我本來面目

有人說過，人生就是一場戲，我們每個人都是戲中的一個過客，在這短暫的舞臺上扮演著自己的角色，可能有時候會身不由己，但只要我們做回最真實的那個角色，就會發現，人活著有時雖然帶著臉譜，但絕對是最美麗的一個！

正確認識我們自己

我們能夠預測我們的命運，這種預測是建立在對自己的正確認識基礎上的。所以，發現自己身上具有的天賦才能，就是我們改變自己命運的前提。有人問古希臘犬儒學派創始人安提司泰尼：「你從哲學中獲得了什麼呢？」

他回答說：「發現自己的能力。」

古希臘犬儒學派，是西元前四世紀蘇格拉底的學生安提西尼（Antisthenes）開創，代表人物有蒂歐根尼（Diogenes）。這個哲學流派認為，人是自然的動物，主張人要回歸自然，順應自然，社會常規以及家庭常規都是對人性的束縛，應該打破這些常規生活，人就可以在任何艱難困苦的環境下快樂的生存。

我們每個人終日忙碌，沒有時間反省自己，常常被生活中的各種問題所困擾，不知道自己還具有一種可以改變一切的能力，正是這種能力，使人的思想和情感有了向高尚和純粹境界提升的可能。

人缺乏認識自己的能力，也就是缺乏對自己的審查、懷疑、反省、懺悔的能力，缺乏深入探究事物真相和本質的能力。人便會被自己蒙蔽，糊里糊塗的虛耗和損害自己的生命，甚至給別人、給社會帶來傷害。

人是很難有自知之明的。假如既沒有自知之明而又狂妄自大，就如一個人衣冠楚楚，彬彬有禮，一派紳士風度，卻在屁股後面露出一條毛茸茸的尾巴，讓大家忍不住發笑。

認識自己，就是發現另一個自己，發現面具後另一個真實的自己，發現自己的各種樣貌，發現自己的局限、偏見、愚昧、醜陋、冷漠、恐懼，發現自己的熱情、靈感、勇氣、創造力、想像力和獨特。實際上，一個人多多少少是「分裂」的，在各種自我之間進行平等、理性的對話，正是一個人的內省過程，正是一個人的悟性從晦暗到敞亮的過程。正如真理越辯越明，在各個自我之間的訴說、解釋、勸慰乃至激烈的辯論中，人心深處的仁愛、智慧和正義感就可能浮出水面。

善於認識自己的安提西尼看到鐵被鏽蝕掉，他評論說，嫉妒心強的人被自己的熱情消耗掉了 —— 他是在跟自己的嫉妒談話，對自己潛伏著的嫉妒做出嚴正警告。他常去規勸一些行為不軌的人，有人便責備他和惡人混在一起，他反駁道：醫生總是和病人在一起，而自己並不感冒發燒 —— 他是在跟自己的德行和自信談話。他認為：那些思想不朽的人，必須忠實而公正的生活 —— 他是在跟自己的信念談話。

一生與孤獨為伴的哲學之父、後精神分析大師齊克果(Aabye Kierkegaard)，更是一位善於認識自己的人。

他在世時，整個世界都不理解他，甚至敵視和厭棄他。他一方面向整個世界的虛偽和庸俗宣戰，一方面回到自己內心，不厭其煩的與自己談話。

他在短短的一生中寫了1萬多頁日記，也就是說，他幾乎天天在跟自己談話。然而，正是這個「真正的自修者」，這個與人類社會格格不入的「例外者」，充滿絕望和熱情的自我傾訴，許多年後成為震撼人類精神的偉大啟示。

偉大的詩人都善於發現自己。因為只在善於發現自己，這些詩才更具真實性，更有穿透事物的尖銳性。

請看里爾克（Rainer Rilke）的最輝煌作品是怎樣寫出來的：「不和任何人見面，除了對自己的內心說話之外，絕對不開口——這的確是我立下的誓言。」所謂「對自己的內心說話」，就是寫詩，換一種說法，寫詩就是詩人跟自己談話的一種方式。在跟自己談話的過程中，詩人把自己在生命衝突中體驗到的種種圖像精確的呈現出來，從而讓我們看到了生存的陷阱、靈魂的鋸齒、信念的血痕以及萬物的疼痛。

詩人的聲音必然是可靠的、真實的，摒除了所有虛偽、怯懦、狂妄和矯揉造作。世界上最感人的作品往往是作者的內心獨白，比如里爾克的《杜伊諾哀歌》（*Duino Elegies*）、卡夫卡（Franz Kafka）的《城堡》（*The Castle*）和《變形記》（*The Metamorphosis*）、普魯斯特（Marcel Proust）的《追憶逝水年華》（*In Search of Lost Time*）、西蒙·韋伊（Simone Weil）的《書簡》（*The Notebooks of Simone Weil*）等。

認識自己，既是一種能力和智慧，又是一種德行，一種高貴的人格境界，更是走向成功的第一步。

一個人如果認定自己是個有能力、有才華的人，那麼他就會發揮出符合他這樣認定的一切天賦；如果一個人認定自己是個笨蛋，是個窩囊廢，那麼他就不可能發揮出他實際存在著的潛能。一個人只要認定自己是個什麼樣的人，就要堅定不移的走下去，不管別人怎麼看待和評論。

問題的關鍵在於，自己對自己的認定是否準確無誤。如果自己的自我認定錯了，那種錯誤的認定必將嚴重影響、困擾自己的一生。

人的自我認定是可以改變的，人生也隨著自我認定的改變而改變。當一個人不滿意自己的目前狀況時，就需要按下述幾個步驟重新改造自己。

第一步，找到自己心目中的人生榜樣，為自己樹立人生目標。把自己所希望的自我認定的條件寫下來，而後認真思考：到底哪些人身上具有這些條件？自己是否可以效仿他們？設想自己已經融入了這一新的自我認定之中，在這一認定裡的自己又該如何呼吸？如何走路？如何說話？如何思考？如何感受？

如果想真正拓展自己的自我認定和人生，那麼由此刻開始自己就得下定決心想要成為什麼樣的人。我們應回到孩提時代的心態，對未來滿懷熱望的列出成功人生所必須具備的各種特質。

第二步，列出我們的行動方案，以便能夠與這個新的人生角色相吻合。這時，我們要思考怎樣做才能實現自己的目標，我們需要在人群中樹立自己的全新形象，我們要特別留意結交什麼樣的朋友，我們的成功與自己結交的朋友有很大的關係，要讓我們的新朋友強化而不是削弱我們的自我認定。

第三步，我們要每天提醒自己，不要讓心中的目標淡化或者消失掉。這最後一步便是讓我們周圍的人都知道我們的這一新的自我認定，而更為重要的是要使自己知道。我們自己每天都要以這個新的自我認定來提醒、告誡、控制好自己。

確立新的自我認定後，不管周圍的環境如何惡劣，周圍的某些人如何嫉賢妒能，我們都應該排除各種干擾，克服一切困難，全力實現自己所持守的價值與所做的美好之夢。

我們每一個人內心所真正需要的，正是我們心目中的崇高目標，在本質上都可以從豐富的生活或積極的創造過程中體驗到。當我們體驗到幸福、自信、成功的飽滿的感情時，我們就是在享受豐富的生活。當我們落魄到壓抑自己的能力、浪費自己的天賦本能，使自己蒙受憂慮、恐懼、自我譴責和自我厭惡的程度時，自己就是在扼殺我們可以利用的生命力，就是在背棄自我發展和完善的道路。

相反，人卻具有動物所沒有的東西——創造性想像力，人可以利用想像去設計不同的目標，根據目標去達到成功。只有人才能利用想像力去達到成功。

拿破崙曾經說過：「想像力統治世界。」格林・克拉克認為：「人類所有的才能中，與神最相近的就是想像力。」蘇格蘭傑出的哲學家杜格爾德・斯特華特也說：「想像的才能是人類活動最偉大的源泉，也是人類進步的主要動力……毀壞了這種才能，人類將停滯在野蠻的狀態之中。」亨利．凱薩爾宣稱：「你可以想像你的未來。」越來越多的成功者發現他們在事業上的成就來源於創造性想像的、積極的、建設性的作用，並將它視作一種成功技能引入事業和生活中。

羅伯特．威那爾說過：「科學家動手解決一個確實有答案的難題時，他的整個態度就改變了，他實際上已經找到了一半答案。」因為我們尋求一個新的觀念或者解答一個問題時，不妨假定答案已經在某處存在，我們動手去發現它罷了。

不管現在我們是在哪個行業工作，如果我們心裡有了一個既定目標，或一個將要實現的願望，並且我們有強烈的欲望，一開始就從各個角度不停的檢驗它，那麼這個目標一定能夠實現，只不過時間有長有短而已。因為在這一過程中，我們的頭腦在加速運轉，並不斷的搜尋瞬間的意念和事實，並加以識別與自己相關的經驗聯繫，使我們得以有效的「解決」問題。我們自己想成為什麼樣的人，就得下決心像那個人那樣去思考、感覺與行動，最終我們就真的能成為那樣的人。過去我們是什麼樣的人已無關緊要，重要的是現在我們想成為什麼樣的人。

每個人在人生的旅途中都不會是一帆風順的，往往要遭受許許多多的痛苦與磨難。其原因當然很多，但有一個原因特別值得人們深思，那就是未能持之以恆。凡是抱定主意、持之以恆、百折不撓、勇往直前的人，都會成就程度不同的事業。善於誇誇其談，雖能用美好的話語哄住人，但絲毫改變不了其偽君子的本色。

一個人若能堅持原則，站穩立場，信守承諾，胸懷坦白，虛懷若谷，務實求真，苦心奮鬥，百折不撓，那麼，就會有許多好處或好事在等著他。

人必須要有自知之明

大街上的算命師我們隨處可見，也有很多人去讓算命師占卜一下自己的未來，似乎世界上有人能夠預知天機。其實，人的命運不需要他人來算，只要我們自己意識到並且認識自己的能力，正確的認識自己，根據自身的條件和實際的可能性，找到自己的長處，及時調整自己的方向，讓自己的長處得以發揮，就會感到自己並不比別人笨，自己有不及別人的地方，而別人也有不及你的地方。勝利的信念便會由此產生並不斷得到增強。我們就能夠預知自己的命運。不要受限於你現在所做的工作、所住的房子、所開的汽車或是所穿的衣服，我們不是這些東西的總和，成功者相信的是自己，他們取得成功的潛力不依賴於地位或身分，而依賴於他們自身實現目標的信心。

我們對自己現在狀況不滿意，我們希望自己的命運好轉，我們要改變自己，就要先認識自我。如果實行下面所說的事項，我們就能重新認識自己。

列舉出自己的長處，請自己的上司、老師這些能確實告訴自己意見的人，幫自己找到這些長處。接著在這些長處底下，寫出那些在其他方面很成功，但是在長處上不及自己的人來。

這樣列出來，至少自己可以發現，自己有個長處優於其他人。結果，自己將可能獲得一個結論：我的本領比自己想像的還要大。因此，我們應該要想像自己真正有那麼大的本領，不可貶低了自己的能力。

認識自己，既不要高估自己，也不要低估自己，就是「人貴有自知之明」。一位偉人說過：「痛苦常常屬於那些沒有自知之明的人。」如果我們低估或高估我們的力量，那麼我們因決策失誤，所遭受傷害的程度就會增加。

什麼是自知之明呢？了解自己的最好的方法是站在一旁，像陌生人一樣來評估自己。接著，要盡可能客觀的進行自我評價、評估自己的能力並認識自己的缺點。能夠做到自知之明，就能夠預測自己的命運。

然而，有一些人認為自己比實際情況還要糟，他們缺乏自信，他們感到不適，他們逃避棘手的挑戰，因為他們不想失敗。結果，他們注定一生庸庸碌碌。可能有人認為這是一種毫無意義的行為，但我們都有自欺欺人的行為，我們都會為自己的弱點尋找理由，為自己的失敗找藉口。我們中很多人都相信自己比實際情況要好得多。我們都認為自己在事業上沒有做得更好的主要原因是我們運氣不好。我們竭力迴避這樣的事實：缺乏行動力，或故意拖延，或不夠專注，或逃避義務等等。

不論是生活還是工作中，很多人總有懷才不遇的感慨，老覺得空有一身好本領卻無人賞識，不是自怨自艾，就是到處求神問卜，企求時來運轉。再不然就是走起路來無精打采，說起話來畏畏縮縮。在別人的眼裡，他只不過是個毫無自信的庸才而已。

機會是自己創造的。如果我們不能在適當的時機表達適當的意見，別人又怎會看見我們的存在？不要怕自己的意見流於空泛，和別人沒什麼兩樣，只管表達出來。因為我們的智慧、經驗絕不會跟別人一模一樣，由此而來的邏輯思考就會不同，經過思考後的結論當然也不會和他人一樣，會有我們的獨到之處。何必害怕別人非議呢？可是有些人過於得意忘形，只顧強調自己許多不得了的成就，反而忘記偶爾透露一下自己的缺點。

勇於承認缺點的人在別人心目中的評價頗高，因為任何事不可能萬無一失。承認自己的缺點也就更符合人性，更加誠實；只要是人，不論是百萬富翁，還是人生剛起步的年輕人，沒有永遠只贏不輸的。別怕告訴別人自己的失敗經驗與切身感受，坦白產生信任，而非猜忌。這樣旁人才會相信我們所言不虛！我們每個人都有能獲得成功的能力，然而，能發揮多少，就全靠我們怎麼看待自我。如果我們認定自己是一個有能力、有才華的人，那麼就會發揮出符合自己這樣認定的一切天賦；不管我們認定自己是個「窩囊廢」或「瘋子」，還是認定自己是個

「專家」或「風雲人物」，這都會馬上影響自己的成功之旅。

一個充滿希望的人，他決心去實現自己的目標，他會總是將自己的理想銘記於心，果斷的消滅阻止他獲得成功的敵人，擺脫懦弱與優柔寡斷，為自己的理想而努力奮鬥。

在我們的內心深處有一種神祕的力量，我們無法解釋，但有時我們可以感到它的存在，它彷彿會化成一種命令驅使我們去完成預定的目標。

例如：如果我們一直在想並告誡自己是一個微不足道的人、一條「可憐蟲」，而且不像別人那麼好，那麼不久我們將會相信這一點，我們的潛意識就會接受這一點。這時我們大腦開始為我們塑造一個小人物的「模型」。如果我們還是一再表現出那種不自信、懦弱以及沒有能力，那麼這個模型很自然的就會再現於我們的現實生活中，那時我們將不得不變得軟弱、失敗與貧窮。

相反，如果我們勇敢堅定的相信自己是這世界上所有美好事物的繼承人，所有美好的東西都屬於我們，得到它們是我們與生俱來的權利，並且我們總是表現出一種王者的風範，確定我們將實現自己這一生之中最偉大的理想，相信力量屬於我們，健康屬於我們，任何疾病、懦弱與混亂都將離我們而去，如此積極的思想，將具有極強的創造力，為我們帶來的不是毀滅，而是所有我們所期望的東西。

積極的、具有建設性的思考方式意味著健康與財富，我們將因此成為一個有能力的人；而消極的思考方式則意味著不幸、疾病以及所有其他折磨。積極的思考方式是我們的保護神，保護我們免遭貧窮疾病的折磨。在失敗者的大軍中，絕大多數都是有著消極思考方式的人；而在勝利者的陣營中，他們則都是一些擁有積極向上、創造性、建設性思維的人。

從現在開始，做自己想做的人吧！而且，還要堅信自己一定能成為那樣的人。永遠記得自己是個多麼特別的人，從而走自己想走的路，讓別人可以清楚的看到我們對自己充滿了自信。展現這種自信的神情，我們一定要保持步履輕盈，不時來首輕鬆的歌，讓全世界都知道我們無時無刻都快樂，每天對我們而言都很特別。俗話說的「相由心生」就是這個道理。我們心裡這樣想，我們就會對自己的命運了若指掌。自己不需要求卜問卦，我們的命運已經在自己心中。

保持自我本色

我們每個人都是世上獨一無二的，自己就是自己，我們無須按照他人的眼光和標準來評判甚至約束自己，我們無須總是效仿他人。保持自我本色，這是最重要的一點。

住在加州的伊絲．歐蕾太太從小就非常害羞，她的體重過重，加上一張圓圓的臉，使她看起來更顯肥胖。她的媽媽十分守舊，認為女兒無須穿得那麼體面漂亮，只要寬鬆舒適就行了。所以，她一直穿著那些樸素寬鬆的衣服，從沒參加過什麼聚會，也從沒參與過什麼娛樂活動，即使入學以後，也不與其他小孩一起到戶外去活動。因為她怕羞，而且已經到了無可救藥的程度，她常常覺得自己不受人們的歡迎。

長大以後，伊絲．歐蕾太太結婚了，嫁給了一個比她大好幾歲的男人，但她害羞的特點依然如故。婆家是個平穩、自信的家庭，他們的一切優點似乎在她身上都無法找到。生活在這樣的家庭之中，她總想盡力做得像他們一樣，但就是做不到。家人也想幫助她，但他們善意的行為反而使她更加封閉。她變得緊張易怒，躲開所有的朋友，甚至連聽到門鈴聲都感到害怕。她知道自己是個失敗者，但她不想讓丈夫發現。於是，在社交場合她總是試圖表現得十分愉快，有時甚至太過頭了，於是事後她又十分沮喪。因此在她的生活中失去了快樂，她看不到生命的意義，於是只好想到自殺……」

後來，伊絲．歐蕾太太並沒有自殺，那麼是什麼改變了這位不幸女子的命運呢？竟然是一段偶然的談話！

歐蕾太太在自己的書中這樣寫道：這一段偶然的談話改變了我的整個人生。

一天，婆婆談起她是如何把幾個孩子帶大的。她說：「無論發生什麼事，我都堅持讓他們秉持本色。」「秉持本色』這句話像黑暗中的一道閃光照亮了我。我終於從困境中明白過來 —— 原來我一直在勉強自己去成為一個自己不適應的角色。

一夜之間，我整個人就發生了改變，我開始讓自己學會秉持本色，並努力尋找自己的個性，盡力發現自己究竟是一個什麼樣的人。我開始觀察自己的特徵，注意自己的外表、風度，挑選適合自己的服飾。我開始結交朋友，參加活動，第一次他們安排我表演節目的時候，我簡直嚇壞了。但是，我每開一次口，就增加了一點勇氣。過了一段時間，我的身上終於發生了變化，現在，我感到快樂多了，這是我以前做夢也想不到的。此後，我把這個經驗告訴孩子們，這是我經歷了多少痛苦才學習到的 —— 無論發生什麼事，都要秉持自己的本色！

我們選擇什麼，我們就會成為什麼樣的人，只要我們找到了自己適合的地方，我們就能克服一切困難，達成我們的目標。但這一切都需要勇氣。

周圍的人可以作為評估自我的一個標準。我們會接近那些用我們自認應得的方式來對待我們的人。一個自我健康的人，會要求四周的人尊重他；這種人善待自己，並且讓身旁的人表示，這就是他希望被對待的榜樣。

如果我們覺得自己很差勁，就會容忍所有的人踐踏自己、貶視自己。自己心裡只有諸如此類的念頭：「我根本不算什麼」、「都怪我」或「我老是受這種待遇，說不定是我罪有應得。」

也許有人要問：「我能忍受這樣多久？」

答案應是：「看我們會輕視自己多久。」

別人只是依照我們對待自己的方式來對待我們。跟我們交往的人，很快就會知道我們是否尊重自己。只要我們尊重自己，別人就會如法炮製。假設我們負責照顧一個三個月大的嬰兒，餵食的時候，我們是否會無條件的哺餵這嬰兒？我們當然會！我們不會說：「聽著，小鬼！除非你做些聰明有趣的事。除非你坐起來，把二十六個英文字母背給我聽，或逗我笑，否則就不給奶吃！」我們餵孩子是因為他值得我們愛他、照顧他、好好待他。他值得這一切，因為他跟我們一樣，是人類的一分子。

我們也值得被這樣對待。從出生以來就具備這樣的資格，現在也是。世上有太多人以為，除非自己聰明、英俊，領有高薪，且比其他人更擅長運動、談吐幽默，否則就不配受人愛與尊重。

我們值得讓人愛，讓人尊重，只因為我們就是我們自己。

大多數的人都很少想到自己真正的內在美與內在的力量。我們記得在看愛情片時，劇中男主角和女主角同甘共苦，為生活而奮鬥時，我們為他們禱告，希望一切都順利。他去從軍，她離開家鄉。他返鄉，她不見了。他找到她，她的哥哥卻要趕他走，她也要趕他走，而身為觀眾的我們一直都希望他們能永遠快樂的生活在一起。片尾，他們終於結了婚，手牽手漫步在夕陽下。我們擦乾眼淚，漫步走出電影院。

我們看這類電影時會流淚，因為我們真心關懷。我們愛、我們受傷，每個人都擁有一顆最真、最美、最單純的心，這份心情埋藏有多深，端視一個人所受過的傷害有多深而定，但它確實存在於每個人的心裡。

每當我們看到世界各地災難或飢荒的新聞報導時，內心都不由得感到痛楚。每個人對於如何幫助這些受苦的人，都有不同的主張，但每個人都一樣的關心，這就是人性。

按照自己的方式行事

人生沒有意義，但是我們要懂得給人生加個意義，這樣人生之路才能精彩，才能充實和卓著。費德勒（Roger Federer）說：「這是一個瘋狂的年代，但我仍然會按照我自認為正確的方式行事。」費德勒在網球上的成就以及現在的地位，使得他有贏得一切的可能性。但是他卻總是「按照自己的方式行事」。

費德勒出生在瑞士一個注重品德教育的國家，他雖然現在盛名顯赫，但是卻依然質樸而自然的生活著。他拒絕奢華，儘管獎金無數，代言費龐大，但是他仍然保持著自己簡樸的生活方式。他一點明星的架子都沒有，不隨便拒絕別人的簽名，懂得尊重別人。而在愛情上，我們都知道，現今已是兩個雙胞胎的父親的他，從一而終的選擇了米爾卡（Mirka Federer）這個鄰家女孩。這個不算漂亮，而且身材已經有點發福的女孩，自從他們一見鍾情之後，就再也沒有分開過。在網球界，很多的網球明星都與年輕貌美，性感如花的模特兒、女明星糾葛，但這些都與費德勒無關。正是這所有的一切，才造就了世界上最偉大的網球明星，造就了今天的費德勒。他拒絕跟隨這個時代的瘋狂，固守自己的精神底線，在網球的世界裡肆意的揮灑著自己的天性，自己的努力。他清澈平靜的眼睛裡，看到的是質樸而光明的人生，是與眾不同卻充實的人生。也許正因如此，儒雅的他才會在全世界有那麼多的球迷，也才會有今時今日的巨大成就。

我們不跟風，不盲目跟隨潮流。就算最頂級的品牌設計師，在設計服裝的時候都懂得不跟風，因為他們明白，跟隨別人，得到的只能是失敗，而面對自己，我們才終於有成功的可能。我們在人生的長河中艱難的跋涉，才有希望成功的那一天。有個人研究過，他在與成功人士的交往中發現，其實成功人士為了阻止別人成功，會誇大自己的經歷。人們被這些成功人士給騙了，以致最後不敢去想要自行創業。後來，這個人寫了一篇《成功沒有你想像的那麼難》的論文，一時引起了轟動，後來，他也創業成功了。人云亦云是可怕的，人生的路不自己嘗試，怎麼能明白是不是那麼一回事呢？

按自己的方式行事，才是對自己最大的負責。周杰倫按照自己的方式創作，經歷過失敗，但是終於成功；巴西球員卡卡(Kaká)不相信自己的腿不適合踢球，終於成了炙手可熱的球星；張愛玲從來都特立獨行，她留下的傳奇人生帶給了我們更多的人生思考。

李白的「天生我材必有用，千金散盡還復來」是按照自己的方式行事;李清照的「生當作人傑，死亦為鬼雄」是個性的釋放;

蘇軾「大江東去浪淘盡」的豪邁是自己的方式；而李後主的「恰似一江春水向東流」也是張揚的個性和追求。試想，如果將這幾個人物互換角色，那我們的文化寶庫估計要失色很多啊！

艾西莫夫（Isaac Asimov）是一位一生創作了500部著作，享譽世界的科普作家。1958年，他毅然告別了講臺和實驗室，「做我能做的最好的事情，不一定是做好的事情。」這是他放棄教授職位的理由。有人說艾西莫夫「自我膨脹得像紐約帝國大廈」，他只按照自己的方式做事而「毫不謙虛」，對此，他說：「除非有人能證明我說的彷彿很自負的事情不屬實，否則我就拒絕接受所謂自負的指責。」艾西莫夫的狂妄自大和勇敢放棄，帶著直入人心的純真和坦誠，這樣的人不值得佩服嗎？這樣的舉動不是很有力量的嗎？

在這個世界上，我們只要按照自己的意願生活，我們拒絕去從眾，拒絕跟風，我們只願意活在自己的世界裡，哪怕是痴人說夢，我們也願意，這是我們自己的人生，不是任何人的。我們要活的光鮮亮麗，高傲獨立。我們是最獨特的我們。讓隨意批判我們的人都走開，我們按照自己的意願生活，才是對人生最大的負責。

年輕的我們，要如何選擇自己對待事物的態度，我們有自己的好惡標準，我們用自己特立獨行的方式存在，而不用在意外界的環境如何改變！

改變自我形象

一個人有了目標就會在自己心中樹立一個全新的形象，這個形象就是他的靈魂，主導他的生命。「自我形象」是重要的心理學發現之一。這種自我形象就是「我屬於哪種人」的自我觀念，它建立在我們對自身的認知和評價的基礎上。一般而言，個體的自我信念都是根據自己過去的成功或失敗、他人對自己的反應、自己根據環境的比較意識，特別是童年經驗而不自覺的形成的。根據這些，人們心裡便形成了「自我形象」。就我們自身而言，一旦某種與自身有關的思想或信念進入這個「形象」，它就會變成「真實的」，我們很少去懷疑其可靠性，只會根據它去活動，就像它的確是真實的一樣。

如果我們的自我形象是一個失敗的人，我們就會不斷的在自己內心那「螢幕」上看到一個垂頭喪氣、難當大任的自我；聽到「我是沒出息、沒有長進」之類負面的評價，然後感到沮喪、自卑、無奈與無能，那麼我們在現實生活中便注定會失敗。一個人從心理上逃避成功，害怕成功，面對機會或挑戰，他就可能畏畏縮縮，這樣，即使不是一個失敗者，也是一個平庸之輩。因為，在其自我形象裡已經有了失敗的自我形象。

另一方面，如果我們的自我形象是一個成功人士，我們會不斷的在自己內心的「螢幕」上見到一個意氣風發、不斷進取，勇於經受挫折和承受強大壓力的自我；聽到「我做得很好，而我以後還會做得更好」之類的鼓舞，然後感受到喜悅、自尊、快樂與卓越，那麼我們在現實生活中便會注定成功。

※

有一位先生，他有兩個孩子，兒子從小調皮搗蛋，老師經常責罵，說他不是念書的料，沒有出息，丟父母的臉。這樣在他的意識中就認為自己什麼都不行，非常自卑。後來即使有家長持續教育他，讓他考上了大學，但是，那種失敗的自卑感始終排除不了。結果，他在大學裡留級了。女兒則相反，一出生，人們就逗她玩，「哎呀，長得多漂亮，多可愛啊！」從小在幼兒園就受到老師的稱讚，這使得她在心裡不斷的對自己說：「我還會更好，我將來一定要考上頂尖大學。」

這種意識使她每年都在課業上保持同年級第一的水準。

自我形象的確立是十分重要的，是我們的生命走向成功或失敗的方向盤、指南針。人的所有行為、感情、舉止，甚至才能始終與自我形象一致。每個人把自己想像成什麼人，就會按那種人的方式行事；而且，即使他有意識的盡了一切努力，即使他有意志力，也很難扭轉這種行為。

其實，只要改變一個人的自我形象，他們都會發生奇蹟性的變化。

自我形象是可以改變的。一個人難於改變某種習慣、個性或者生活方式，似乎有這樣一個原因：幾乎所有試圖改變的努力，都集中在所謂自我的行為模式上，而不是意識上。

發展新的自我形象，改變鬱鬱寡歡的個性不能依靠純粹的意志力，必須要有充足理由、足夠證據確認舊的自我形象是錯誤的，因而要發展相對的新的自我形象，不能僅僅憑空想像出一個新的自我形象，除非我們覺得它是有事實為依據的。

實驗證明：一個人改變自我形象時，總覺得由於某種原因「看到」或者認識到了自己的本來面貌。

正如愛默生所說：「人無所謂偉大或者渺小。」

科學已經證實了哲學家、神祕主義者和其他直覺主義者的一貫主張：任何一個人都會由自己主宰「指引著走向成功」，任何一個人都有大於自身的力量，這就是「我們自己」。

如果我們正被自我形象指引著走向成功和幸福，那麼，我們往日那不敢奢望幸福和「注定」要失敗的自我形象必然是錯誤的。我們如果想改變自己心中的自我形象，就要注意以下步驟：

第一，成功的自我形象必須有一個「目標」。我們必須想像到，這個目標現在已經以實際的或潛在的形式存在著，我們的工作只是把自我形象引向一個已經存在的目標，有了目標自我形象就會逐漸清晰起來。例如：我們為自己樹立了一個發財致富的目標，我們的心中就會產生一個擁有一切的自我形象，就會改變過去我們自己認為自己是個窮光蛋的自我形象。

第二，目標確定以後，達到目標的方法或許不明確，但不要由此而喪失信心。自我形象的功能，就是在我們確定目標後為我們提供路徑與方法的，因為自我形象明確以後，就會使我們的全部潛能為我們的目標發揮作用。我們就會以積極的心態去面對現實問題，沒有現成的方法，就會想出新的方法。

第三，突破現實的局限和束縛，不要怕犯錯，不要怕暫時的失敗，始終保持樂觀的態度。我們每個人在現實生活中都不可能是一帆風順的。實現目標的過程，一定會遇到困難。在前進中一旦發生錯誤，應立即加以糾正，不是命運讓我們失敗，而是我們的方法不當或者條件不成熟。我們需要重新開始，而不是自我否定。我們現在身處困境，但是我們如果想像未來是美好的，就不再感到悲觀、絕望，就會充滿力量去改變現狀。

第四，不斷調整自己的目標，才能走向成功。我們每個人的命運一方面是我們自己決定的，另一方面，社會生活和客觀環境會影響個人的命運。這就需要我們每個人都應該在現實社會生活中，根據實際情況，不斷的調整自己的目標和方向。實現自己的目標都要經歷考驗，都會犯錯，因此要用心修正目標，直到實現成功的目的。很多人因為失敗而耿耿於懷，不敢再越雷池一步。其實犯錯是不可避免的，應盡力彌補過去的錯誤，記住成功的經驗，使它能夠得以「複製」。這樣便會學到更多的東西，繼續取得成功。

第五，必須信任內心的自我形象。不要過於擔心是否能實現，或者過度有意識的強迫它而使它受到干擾，我們必須放手讓它發展。這種信任是必要的，因為自我形象是在潛意識中工作的，我們無法「了解」它的工作情況，而且，它的本質是根據目標的需要而自發的工作。因此，它只是在我們行動的時候才有作用。愛默生說過：「付諸行為，我們就會得到力量。」

自古以來，許多成功者都自覺或不自覺的運用了「自我形象」或「心理圖式」來完善自我，獲得成功。拿破崙在帶兵橫掃歐洲的時候，曾經在內心想像中「演習」了多年的軍事。他在上學的時候所做的閱讀筆記，在送印時竟達滿滿 400 頁之多。他把自己想像成一個司令官，畫出科西嘉島（Corsica）的地圖，經過精確的數學計算後，標出他可能布防的各種情況。

世界旅館業巨頭康拉德·希爾頓（Conrad Nicholson Hilton）在擁有一家旅館之前，很早就想像自己是在經營旅館。當他還是一個孩子的時候，就常常「扮演」旅館經理的角色。難怪人們過去總是把「自我形象」與「魔法」聯繫起來，「自我形象」在成功學中，確實具有難以抗拒的魔力。

「在你心靈的眼睛前面長期而穩定的放置一幅自我肖像，你就會越來越與它相近。」佛斯迪克博士說：「生動的把自己想像成失敗者，這就使你不能取勝；生動的把自己想像成勝利者，將帶來無法估量的成功。」由此可見想像對於事業的成功具有重要的影響。

如果我們充分相信自己有能力進行任何活動，那麼，我們實際上就能獲得成功。一旦我們勇於探索那些陌生的領域，便有可能體驗到人世間的種種樂趣。想想那些被稱為「天才」的人，那些在生活中頗有作為的成功人士，他們並不僅僅是某方面的專家，也不是試圖迴避困難的人。富蘭克林、貝多芬、達文西（Leonardo di ser Piero da Vinci）、愛因斯坦、伽利略（Galileo Galilei）、羅素（William Russell）、蕭伯納（George Bernard Shaw）、邱吉爾以及許多其他偉人，他們大多是勇於探索未知的先驅者，在許多方面與普通的人一樣平常，唯一區別只不過是他們勇於走他人不敢走的路罷了。人們可以用新的眼光重新看待自己，打開心靈之窗，進行那些自己一向認為力所不能及的活動；否則，就只會以同樣的方式重複進行同樣的活動，直到生命終結。而偉人之所以偉大，往往展現在其探索的素養以及探索未知的勇氣上。

要積極嘗試新事物，就必須拋棄一些會對自己個性構成壓抑的觀點：改變現狀不如苟且偷安。因為改變將帶來不穩定的未知因素；或認為自己非常脆弱，經不起挫折，如果涉足於完全陌生的領域，會撞得頭破血流。這顯然是荒謬的觀點。如果改變生活中的常規因素，我們會感覺到精神愉快和充實；相反，厭倦生活會削弱意志並產生消極的心理影響。一旦失去了對生活的興趣，就可能導致精神上崩潰。然而，如果在生活中努力探索未知，並獲得成就，則我們的心理一定會更加健康而強大。

常常有一些人持有這樣一種心理意識：「這件事非比尋常，我還是躲遠些好。」這種心理狀態使我們不能面對挑戰、積極嘗試新的經歷。有些人可能認為，做任何事情一定要有某種理由，否則做它又有什麼意義呢？其實只要我們願意，便可以去做任何事情，而不必一定要有理由。沒有必要為自己所做的每一件事尋找理由。當我們還是個孩子的時候，灌蟋蟀玩，其理由不過是我們喜歡玩。可是，當我們成為大人，就不得不為做某件事情找到一個理由。這種理出可能就阻礙了我們的個性的成長發展，長期壓抑個性，潛能就無法發揮出來。因此，一定程度上，我們可以想做什麼就做什麼，只要我們不放棄自己，我們就會積極思考自己的命運。樂觀看待自己的命運，就會為我們拓展一個全新的世界，並且可以改變我們的生活和命運。

克服自卑心理

當我們出生的時候，我們的身體和心靈都是赤條條的，無絲毫的牽掛。而當我們透過學習，透過在一個特定的文化和物質環境下生長，隨著我們的成長，我們的心靈上就開始背上了沉重的包袱，心靈亦套上了枷鎖。

這個枷鎖就是我們人類的最大的弱點：自卑。需要說明的是，這個枷鎖並非與生俱來的，而是由後天的文化薰陶、後天的教育培養，在我們和其他人相處時逐漸「培養」起來的。

自信是一個人成功的祕訣，而自卑卻是我們成功的敵人。

拿破崙說過：「我的成功，是因為我志在成功。」人若沒有這樣的自信心，也必定沒有毅然的決心與信心，成功也就當然與他無緣。有人說，成功的欲望是創造和擁有財富的源泉。人一旦擁有了這種欲望並經由自我暗示和潛意識的激發後形成一種信心，這種信心就會轉化為一種「積極的感情」，它能夠激發人的潛意識，並釋放出無窮的熱情、精力和智慧，進而幫助我們獲得巨大的財富與事業上的成就。因此，有人把信心比喻為「一個人心理的建築工程師」。人人都蘊藏著巨大的潛能，而這些潛能只有那些擁有信心的人才能開發。而自卑的人卻喪失信心，總認為自己事事不如人，自慚形穢，進而悲觀失望，不思進取。一個人如果被自卑感所控制，其精神生活會受到嚴重束縛，聰明才智和創造力也會因此受到影響而無法正常發揮作用。所以，自卑是束縛創造力的一條繩索。

從理論上來說，天下無人不自卑，自卑情緒在我們任何人身上都可能產生，只是表現形式與程度不同而已。無論是偉人還是平常人，都會在某一方面表現出優勢，在另一方面表現出劣勢。成功者能夠克服自己的自卑情緒，擺脫自卑，其重要的原因是他們善於提高抗壓性，使之在心理上擺脫消極因素的影響。強者並非是天設地造的，也並非沒有軟弱的時候，強者之所以成為強者，正在於他善於戰勝自己的自卑情緒。

的確，不卸下思想上的包袱，不解開心靈上的這個枷鎖，我們很難繼續前進。

一個人要想取得成功，需要戰勝許多困難，戰勝自己的許多對手。而要做到這一點，首先是要戰勝自己。從某種意義上說，一個人最大的敵人根本不是別人，不是競爭對手，也不是妨礙我們成功的任何人，就是我們自己。

一個人最難戰勝的就是自己。或許有人會說，怎麼會呢？自己和自己還有什麼過不去的呢？正因為我們許多人有這樣的想法，所以，他們對自己人生中的最大敵人視而不見，對這一問題也毫無警覺。

要戰勝自我，就要戰勝各種心理上的敵人，發揮自我價值。應該說，心理上的敵人很多，比方說，總是乞求別人好感的迎合心理，追求絕對公平的比較心理，強調秉性難移的故步自封心理，害怕、擔心探索未知世界的求安穩心理等等。但這其中最大的敵人，也是成功的「天敵」，卻是我們的自卑心理。

自卑，也就是人類自我貶低，廉價的出賣自己。人類的這種弱點在我們的生活中以數不盡的方式存在著、顯示著，影響制約著我們的生活、我們對人生的追求、對成功的渴望。例如：張三在報紙上看到了一份徵才廣告，那份工作他非常喜歡，而且開出的條件也很誘人，但是張三並沒有甚至也沒有想去應徵，他沒有採取任何行動，因為他想到：「這麼好的工作，應徵的人肯定很多，我的能力恐怕不夠，何必又自找麻煩呢！」

若干年來，先哲們語重心長的告訴芸芸眾生：要了解自己。然而奇怪的是，我們中的絕大多數都把這句話理解為「要了解我們的缺點」、「要了解到消極的一面」、「要了解到不利的一面」。所以，我們看到，「要了解自己」的結果，是大多數人的自我評價都包括了太多的缺點、錯誤與無能。這大概也出乎那些先哲的意料，也違背了他們的初衷。

了解自己的缺點與不足是很好的，我們可以藉此求進步，以使人生更加美好。但是，如果我們只是了解到自己的缺點和消極面，人生就會陷入另一種混亂，使自己覺得自己沒有什麼價值。所以，要正確、全面的了解自己，絕不要看輕自己。

眼睛是靈魂的窗戶，語言是思想的直接現實，是心靈的投影機，它會把我們心裡的意念活動投射出來。它所顯示的畫面也決定了自己和別人對我們的反應。

比如：公司最近執行了一項計畫，很遺憾的是暫時沒有成功。主管對公司的員工們說：「我們失敗了！」他們透過主管語言所傳達的資訊，感到了打擊、失望、憂傷，甚至是看不到一絲光亮的絕望。但是，主管如果換一種說法，說：「我相信這個計畫會成功。」員工們會從主管的語言中感受到希望所在，他們就會振奮起來，準備再一次的嘗試和努力。

同樣的道理，我們想去投資某項事業，我們說：「這會花一大筆錢的。」人們看到的是錢花出去回不來。如果我們反過來說：「我們做了很大的投資。」人們看到的是滾滾而來的利潤，是很令人開心的畫面。

以下這幾種方法，可以使我們的意念活動所投射的影像產生積極的效果，可以幫助我們打開心靈上的枷鎖。

第一，學會使用偉大、積極、愉快的語句來描述我們的感受，哪怕我們今天並不十分的愉快。當有人問我們：「今天感覺怎麼樣？」我們如果回答說：「我很疲倦」或者類似的話語，別人就會覺得很糟糕。我們應該說：「好極了！謝謝。你呢？」這種回答的方式很簡單，卻有著無比的威力，而且，神奇的是，當我們這麼回答的時候，自己會真的覺得自己很快樂。這也可以為我們贏得更多的朋友，使我們更有人望。

第二，經常使用明朗、正面、有利的字眼來描述別人。當我們跟別人談到不在場的第三者時，多用一些正向的字眼來稱讚他，比如「他真是一個很好的人」或者「他們說他做得十分出色」，聽話的人就可能想到我們有一天也會在別人面前真誠的稱讚他，從而使他也產生一種良好的心態，對我們會格外的坦誠。切記不要使用一些負面的語句，它的破壞性是極大的。

第三，用積極的話鼓勵別人。只要有機會，就去稱讚別人。生活中每一個人都渴望被讚美，我們的另一半，我們的家人，都是如此。特別要注意稱讚跟我們一起工作的夥伴。真誠的讚美是成功的工具，我們需要不斷的去使用它。

第四，用積極的話來陳述我們的計畫。當人們聽到類似「好消息，我們遇到了絕佳的機會」之類的話時，心中自然會產生希望。但是，當人們聽到「不管我們願意不願意，我們都得做這項工作」這樣的話語時，內心會自然產生消極沉悶、厭煩的情緒，其行動反應也跟著受到消極的影響。

要讓別人、讓自己都看到希望，我們就放下了思想上的包袱，打開了自己心靈上的枷鎖，我們就是一個具有人格魅力的人，我們距離人生的輝煌也就不遠了！一個身心健康的人，就是能享受美好生活的人，他們在心理上無拘無束，能面對現實、接受挑戰，自由的到達他想要去的地方。這就是他們能夠擁有輝煌人生的原因！

發掘自己的潛能

一個人的認知，總有一定的局限，總會受到環境的制約，會受到人們已有觀念的約束。所以，我們對自己的認知，其實是基於別人的認知，根據以往的經驗，根據人類代代相傳下來的所謂常識。但是，別人的認知也好，以往的經驗也好，還是人類的常識也好，都不一定是真理，也會有錯誤的時候。

例如：人們在談到血統的時候，總是過分強調所謂的「將門虎子」，所謂的「龍生龍，鳳生鳳，老鼠生的兒子會打洞」，但是，將門出犬子，龍生烏龜、鳳凰生麻雀的事情在我們的生活中還少嗎？

對於別人的意見，以往的經驗，還有流傳下來的常識，正確的、有利於我們個人發展的，我們當然要吸收，而我們認為錯誤的、不利於我們自身發展的，我們完全可以置之不理。

畢竟，我們的人生屬於我們自己，而不屬於別人。道理很簡單，因為我們的潛力是埋藏在我們的身體之中的，只有我們自己才能真正認識我們自己。

心理學上的羅森塔爾效應就充分說明了這一點。

哈佛大學的心理學教授羅森塔爾（Robert Rosenthal）分別以老鼠和人作為研究對象，作過教育實驗。他先把一群小老鼠一分為二，把其中一小群（A 群）交給一個實驗員說，這是屬於特別聰明的一類老鼠，讓你來訓練。然後，他將另外的一小群（B 群）交給另外一名實驗員，告訴他這是智力非常普通的老鼠。兩個實驗員分別對兩群老鼠進行了訓練。過了一段時間，對兩群老鼠進行穿越迷宮的測驗，結果發現 A 群老鼠比 B 群老鼠聰明得多，穿越迷宮的時間要短得多。

羅森塔爾教授說，他當初對兩群老鼠的分類完全是隨機的、任意的，他並不知道哪些老鼠聰明、哪些老鼠不聰明。而實驗員聽他說 A 群老鼠聰明，就信以為真，用對待聰明老鼠辦法對老鼠進行訓練，結果這些老鼠就真的成了聰明的老鼠。相反，B 群老鼠被認為不聰明，實驗員就用對待笨老鼠的辦法進行訓練，結果這一群老鼠也就真的成了不聰明的老鼠。

羅森塔爾將這一實驗擴展到人，他從新生名冊中隨意挑出了一些，然後告訴老師這幾個學生特別聰明。老師對這些學生就有了好印象，便著意加以培訓和指導。過了一段時間之後，就發現了這群學生確實比其他學生學習更優異，在生活中也表現得更聰明。

的確，人的潛力是無窮的、難以估量的。而一個人認識到自己的潛力，就可以將自己的潛力發揮到最大程度，因為認識自己可以增強人的自信心，使自己產生無窮的力量。

如果我們說，自己可以抬起一輛輕型卡車，別人可能說我們是在吹牛。但看完下面的故事，別人可能就會改變自己的觀點。

※

一位農夫在自家的穀倉前正注視著一輛輕型卡車快速的開過他的土地。他 14 歲的兒子正駕駛著這輛車，由於年紀太小，他還不夠資格考駕駛執照，但是他從很小就對汽車著迷，而且似乎已經能夠駕駛一輛汽車，因此農夫就允許他在自己的農場裡開這輛客貨兩用車，但是不能開上外面的路。

突然，農夫眼看著汽車翻到了水溝裡去，他大吃一驚，急忙跑到了出事地點。他看到溝裡有水，他的兒子被汽車壓在底下，只有頭露出了水面一點點。

這位農夫毫不猶豫的跳進水溝，把雙手伸到了汽車下面，把車子抬了起來，抬的高度足以使另一位跑來幫忙的工人，把那毫無知覺的孩子從車子下面拉了出來。當地醫生很快趕了過來，給孩子作了檢查，幸好只有一點皮肉傷，只需作簡單的治療，孩子身體其他部位均完好無損。

那位農夫的身材並不很高大，身高大約有 170 公分，70 公斤體重。所以，別人都很驚訝，如此身體，竟然能有如此壯舉！連農夫自己也覺得奇怪，剛才他跑過去的時候根本沒有想自己是不是能夠抬得動。出於好奇，他就再試了一次，結果根本無法動得了那輛汽車。

一個人到了緊要關頭所爆發的力量是我們一般人很難想像的。

每個人身體中都沉睡著一個巨人，這個巨人就是我們的潛能。能喚醒我們心中的巨人，能開發出自己無窮無盡的潛能，我們就能夠獲得成功。

有一個真實的故事：

這天，一位媽媽到菜市場買菜，買完菜後，這位媽媽回到了自己居住的社區，到了自己居住的樓下，她遇到了一位熟人，這位媽媽就和熟人聊起天來。這時，這位媽媽年僅三歲的兒子在自家的陽臺上看見了媽媽。起先，他叫自己的媽媽，也許由於媽媽正在聊天，她沒有聽到兒子的呼喚。兒子見媽媽沒有反應，於是他就爬上陽臺從六層樓上跳了下來。就在兒子從樓上往下跳的一剎那，媽媽發現了兒子的舉動，出於本能的反應，媽媽扔掉菜籃子，飛也似的跑了過去，就在兒子即將落地的那一瞬間，媽媽恰好趕到並用自己的雙手牢牢的托起了兒子。

周圍的人都被眼前發生的這一幕驚呆了，當時正好有一位消防隊員在場，他無法相信眼前發生的這一切，於是他把自己的見聞告訴了自己的夥伴，並請自己的夥伴們一起進行了現場實驗，在實驗中，消防隊員們在六層樓上把與小孩子同等重量的東西扔下來，然後讓消防隊員們從那位媽媽聊天的位置往樓下跑，一個一個的去接從樓上扔下的東西，實驗的結果是沒有一個消防隊員能把東西接住。

若把那位柔弱的媽媽與訓練有素的消防隊員進行比較，任何人都明白，那位媽媽能做到的事情，消防隊員們一定能做到，而且還應該做得更好。可事實卻並非如此，這是為什麼呢？

可以說，創造奇蹟的正是潛能。

潛能為什麼能夠創造奇蹟呢？科學實驗證明，當人的身體機能面對緊急狀況時所產生的反應與面對一般狀況時所產生的反應有著本質的區別。面對緊急狀況時，人的腎上腺就會大量分泌激素，所產生的激素就會迅速傳遍全身，產生難以想像的能量。並且，人在緊急狀態下所產生的超常能量並不只是肉體的反應，同時涉及到心智和精神，是心智和精神同時產生超常的能量，這些能量就使得人能夠做出在常態狀態下做不到的事情。故事中的那位媽媽之所以能在千鈞一髮之際，從死神手中救出自己的兒子，就是因為當她看到自己心愛的兒子從樓上掉下來的時候，面對這種緊急狀況，她的心智和身體的一切反應只有一個，即救出兒子，除此之外，她不可能再有別的任何想法。在這種情況下，她的精神上的、肉體上的「腎上腺」都引發出了巨大的潛能，使她辦到了常人難以辦到的事情，她的兒子才躲過了那場災難。

人的體能如此，其他方面的能力也是如此，智慧、宗教經驗、情緒反應等等，都可以爆發出幾乎不可思議的潛力。平時只是由於情境方面的限制，人在一般狀態下只能發揮其十分之一的潛在能量。

也就是說，我們每個人身上都有巨大的潛在能量未被開發出來。據資料說，普通人只開發了他蘊藏能力的十分之一，與我們應當獲得的成就相比較，我們幾乎是處於一種半夢半醒之間，我們只利用了我們身心的很小一部分。人的大腦儲存的能量也大得驚人，人們在平常的工作學習中只發揮了極小的大腦功能。要是人類能夠發揮自己大腦功能的一半，就可以輕而易舉的學會 40 種語言，背誦整個百科全書，獲得 12 個博士學位。

這就是我們自己的真實資料，是我們自己的有關資料。可以說，在合理的範圍內，只要我們有信心，我們幾乎是無所不能的！人的潛能如果不加以開發，就會自然消失，不復存在。它不像石油、煤炭等自然資源，如果不開採依舊埋藏在地下，以後仍然可以加以利用。人的潛能，如果今天、今生不加以發掘、利用，就會隨著人的死亡而消失。在我們的生活中，那些缺乏自信的人，一生中失去了很多發展的機遇，最後帶著被埋沒的才能和無盡的遺憾，默默的告別了人世。這的確是非常悲哀的事情。

你屬於哪一種性格？

■ 測驗攻略

測驗意義：★★★★

準確指數：★★★

測驗時間：12 分鐘

■ 測驗情景

人的性格本質似乎是流動性的，因為它隨著周圍環境的變化而發生微妙的變化，可能在朋友面前你能侃侃而談，但是到了陌生人面前，你就惜字如金。而自己到底是什麼性格，這可能是許多人質疑的問題，而你是內向還是外向呢？

■ 測驗問答

1. 你在大庭廣眾中談吐自然嗎？

   A. 是　B. 不是　C. 不確定

2. 你平時不是很喜歡交朋友，但是一旦交上朋友就很容易產生信任感。

   A. 否　B. 是　C . 不確定

3. 和朋友們圍坐在一起聊天時，你非常喜歡發表自己的看法。
   A. 是　B. 否　C. 不確定

4. 當你在生活中遇到不愉快的事情時，經常是悶在心裡，不喜歡輕易和旁人說。
   A. 是　B. 不確定　C. 否

5. 你通常不喜歡一個人待在家裡，而只有和朋友們在一起時才感到愉快。
   A. 不是　B. 不完全是　C. 是

6. 你很在意別人怎樣評論自己，有的時候看見一夥人悄聲說話就抱怨：他們是否在議論我呢？
   A. 是　B. 有時如此　C. 不是

7. 你對自己充滿信心，即使把事情辦錯了也不會在乎，因為你認為「失敗是成功之母」。
   A. 有時如此　B. 總是這樣　C. 不是

8. 平時很注重衣著整潔並且喜歡把房間收拾得整整齊齊。
   A. 不確定　B. 不是　C. 是

9. 你做什麼事情的興趣都不長久，認為能做的事情就做，進展不順利就考慮其他道路。
   A. 不確定　B. 不是　C. 是

10. 你到商店買東西時，在櫃檯前面經常猶豫不決主意買不買，或買哪種好？

A. 否　B. 不確定　C. 是

11. 你決定做的事情不輕易改變。

A. 是　B. 不確定　C. 否

12. 一旦做錯事就感到沮喪，常認為自己生來大概命運就不好。

A. 否　B. 不確定　C. 是

■ 測驗解析

分值表

題號	A	B	C	題號	A	B	C
1	1	5	3	7	3	1	5
2	1	5	3	8	3	1	5
3	1	5	3	9	3	1	5
4	5	3	1	10	3	1	5
5	5	3	1	11	1	3	5
6	5	3	1	12	1	3	5

47 ～ 60 分：內向型

在學習和工作上，你大都專心致志，情緒穩定，具有敏銳的觀察力，因而比較容易做出優秀的成績。在待人接物上你感情細膩，耐心誠懇，喜歡動腦筋。你認為，與其很多人在那裡嘰嘰喳喳一事無成，不如單槍匹馬、勇敢的去做。在愛情上，你選擇伴侶的途徑是青梅竹馬，而不是一見鍾情，表達愛情的方式是熱水瓶，而不是暖水袋。你的不足是交際面窄，適應周圍環境比較困難。

23 ～ 46 分：兩向型

你很善於駕馭自己的感情，做事顧全大局，合情合理，對男女朋友都處得來。你在生活上喜歡講究，但不追求時髦。你尋找伴侶途徑很少，有一見鍾情的可能，常常是在同學、同事的共同接觸中建立友情，從友情發展為愛情。

12 ～ 22 分：外向型

你是一個情緒飽滿，自由奔放，善於交際，活動能力強的人，喜歡在掌聲中獲得榮譽。在生活中心胸開朗，無憂無慮，就是碰上不愉快的事也會很快拋在腦後，所以你是一個令人羨慕的樂天派。在愛情上你具有的優勢是對異性的吸引力。如果你是個男性，會是招很多女性喜歡的心上人；如果是位女性，也會成為男性的追求目標。

■ 測驗結論

性格內向的人，感覺比較敏銳、精細，尤其是對人際關係的敏感，他們計較別人對自己的看法、態度；但是，性格內向的人行事謹慎，且一旦行動起來，能堅韌持久。外向性格的人，對外部世界感興趣，熱衷於社交；思維注重客觀，有一定廣度，但思考易流於表面；情感淺薄、易變、不穩定、不善於自控；意志行動果斷，反映迅速，所以，給人一種舉止易輕浮，行事不踏實的外表。

因此，性格內向的人要廣交朋友，提高自己的自信心，並使生活豐富多彩。性格外向的人要注意培養持久性，防止「三天打魚，兩天晒網」，在言行上做到「話要想著說，不要搶著說，事情要想了再做，不要做了再想」。

Chapter6

懷有一顆感恩的心

用愛面對每一天、每一個人、每一件事，心中就不會堆積煩惱，世間的紛爭也會減少。天地雖寬，只要用無限的愛心去啟發、引導，力量就不會間斷。我們生活在這個社會中，肯定獲得過別人的幫助，讓我們懷著感恩之心，將報恩之舉回報給我們碰到的任何一個需要幫助的人吧！

善良會給我們帶來快樂

莎士比亞說:「善良的心地，就是黃金。」善良是一種覺悟，善良是一種品行，善良會給予我們莫大的收穫。心地善良，自己才能自給自足；心地善良，才能得到別人的尊重和敬重，才能獲得真正的快樂。世界上最可愛的東西，是善良。

有這樣一則故事：

從前有個國王很溺愛自己年幼的王子。王子喜歡什麼，國王就會給他什麼。但是王子總是不快樂，常常皺著眉頭，搖頭嘆息。有一天，一個魔術師來到王宮對國王說，他能使王子快樂。國王笑著說：「如果你能讓王子快樂，你提什麼要求，我都答應。」於是，魔術師把王子帶到一個密室裡，叫他燃起蠟燭，放在一張紙的下面，看看紙上寫了什麼，然後魔術師便離開了。

王子照著魔術師的要求去做了，他把紙一放到火焰上，那紙突然變成美麗的藍色，上面寫著一句話:「每天為人做一件善事。」王子後來依照魔術師的要求做了，果然變成了一個快樂的人。

一個人如果能保有內心的善良，為他人著想，那他的生命必定有著驚人的發展。善良除了給別人幫助和鼓勵之外，其實並不會耗費自己什麼，反而會給自己帶來收穫。世界上最可愛的東西，正是善良。

…………………………　※　…………………………

第二次世界大戰時期，有一天，大學紛飛，滴水成冰，盟軍最高統帥艾森豪（Dwight David Eisenhower）將軍乘車回總部參加經濟軍事會議。忽然，將軍看到一對法國老夫婦坐在馬路旁邊，凍得瑟瑟發抖。他立即命令身邊的翻譯官下車了解情況，一位參謀長阻止說：「我們得按時趕到總部開會，這種事還是交給當地的警方處理吧。」但是艾森豪堅持說：「等到警方趕到的時候，這對老夫婦可能早已凍死了。」原來，這對老夫婦準備去巴黎投奔自己的兒子，但是因為車子拋錨，前不著村，後不著店，正不知如何是好。於是艾森豪立即把這對夫婦請上車，特地繞道將這對老夫婦送到了家後，才風馳電掣般的趕去參加軍事會議。艾森豪的善心義舉得到了意想不到的巨大回報。原來，那天幾個德國納粹狙擊手虎視眈眈的埋伏在艾森豪原來必須經過的那條路上，如果不是因為行善而改變了行車路線，將軍恐怕很難躲過那場劫難。

是的，艾森豪只是改變了行車的路線，無心的善良之舉，就獲得了平安。善良總是把我們帶到最安全的地方，不管世事如何變幻，人生都不要繞開冷漠的心。只有這樣，人生才會花開不敗，社會才會繁花似錦。

※

1814 年的一個夜晚，一個酷愛音樂的年輕人走過維也納街頭，因為家境不好，買不起鋼琴，他只好每天到一所小學去練習鋼琴。他喜歡作曲，可是有時拮据得連作曲的紙張都買不起。此刻，他正在回家的路上為生計煩惱，忽然看到一家舊貨車旁邊站著一個衣衫襤褸的小孩，手中拿著一本書和一件舊衣服在叫賣。年輕人認出這個小孩曾在他教學的唱詩班中當過歌童，他頓時鼻子發酸。他摸摸自己口袋裡僅有的一點錢，買下了那本舊書。年輕人邊走邊看這本舊書，竟發現其中有大詩人歌德的詩作《野玫瑰》。他一遍一遍的朗誦，整個身心都被調動了起來，一段清新而親切的旋律從他的靈魂中飄了出來。這個年輕人就是被稱為歌曲之王的舒伯特（Franz Schubert），他寫的這首《野玫瑰》名曲成為世界音樂寶庫中的瑰寶。舒伯特付出了一點錢，得到的確是一段詩意，一種成就。只有善良的人才會發現那隱藏著的玫瑰，只有善良才能造就一個美麗的世界。

善良是一顆閃亮的星星，照亮我們人生的夜空；善良是一縷和煦的春風，喚醒沉睡著的大地；善良更是四季中的夏天，展現出人類的一片生機。善良是人性中最美的光輝。

※

在哈默成為石油大王之前，他曾是一個不幸的逃難者。有一年冬天，年輕的哈默和一群同伴流亡到美國南加州的一個名叫沃爾遜的小鎮，在那裡，他結識了善良的鎮長傑克森。那天，冬雪菲菲，鎮長門前的花圃旁的小路成為了一片泥淖。於是行人就從花圃中穿過，弄得花圃一片狼籍。哈默也替鎮長惋惜，便不管雪花淋身，一個人站在雪地裡看護花圃，讓行人從泥淖中穿行。這時出去半天的鎮長笑意盈盈的挑著一擔爐渣回來了，在一頭霧水的哈默面前，從容的把爐渣鋪在了泥淖中。結果，再沒人從花圃中走了。最後，鎮長意味深長的說：「你看，關照別人，就是關照自己，有什麼不好？」傑克森對哈默的成功起了不可估量的作用。哈默從此不再只從自己的角度看問題，能更多的關照別人，最後成為了石油大王。

太陽是善良的，它把陽光普灑大地；大海是善良的，它把浪花獻給了沙灘；天空是善良的，它把蔚藍給了鳥兒。而我們呢？我們更是善良的，因為我們會把一個傾心的微笑，一句貼心的話語，一個安撫的眼神，一個伸手的動作，給所有需要他的人們。善良，讓我們感覺美好，善良，也讓我們感覺快樂。我們要選擇快樂的人生，我們不能丟棄善良。

我們永遠是父母的最愛

沒有史詩的撼人心魄，也沒有風捲大海的波浪逆轉，父母的愛就像一陣春風，就像一場春雨，就像一首輕歌，就像一首小詩。他們潤物無聲，但是綿遠悠長。高爾基說：「世界上的一切光榮和驕傲，都來自母親。」，母親，這個世界上最愛我們的人，他們用無盡的愛守望著我們，他們永不停息的愛將是我們永遠可以依靠的港灣。父母的愛是我們的最終歸宿，是潤澤我們心靈的一泓清泉，這愛伴隨我們的一啜一飲，絲絲縷縷。在我們的笑聲淚影裡都有著愛的纏綿。

人生注定要靠我們自己行走，在父母那裡，我們終於要遠行，余秋雨曾不無沉重但又深刻的在文章中寫道：「一切遠行者的出發點總是與媽媽告別，而他們的終點則是衰老。暮年的老者呼喊媽媽是不能不讓人動容的，一聲呼喊道盡了回歸也道盡了漂泊。」正如余秋雨所說，我們的出發點是告別父母，我們終將在世界上獨自漂泊，只要生命不息，那也許就是一場無止境的漂泊之旅。年輕的我們心靈嚮往外面的世界，期待著這種漂泊，因為前面的旅程中將會有太多美麗的風景，將會有太多讓我們珍重的人，我們匆匆的與父母告別，要踏上遠行的路。這時候，也許父母殷切的愛意對我們已經熟視無睹。我們在這樣的愛中穿行過了幾十年。很可能我們已經覺得煩了，悶了，期待脫離那愛的藩籬，期待與生命中將會有的好事與壞事遭遇。但是父母的愛不會停止，他們放手讓我們去趕路，卻會永遠的關心著我們的行程。「慈母手中線，遊子身上衣，臨行密密縫，意恐遲遲歸。」父母的愛是那線，穿行在我們的血液中，熔鑄在我們的生命裡。他們是我們永遠的背景，是不能遺忘的鄉愁，是淡漠中最溫暖的記憶。年輕的我們不能忘記，我們是大樹，父母是大地，就算我們長得多麼枝繁葉茂，我們的根都在泥土裡。我們不能忘記，我們最初的出發總是來自於他們，沒有他們的滋養，就沒有現在的我們。新鳳霞曾談到父母對他的影響：「我從小受不識字的父親教育，見著長輩叫人，出門告訴家人，回來也要打招呼：爸、媽我回來了。鼻子下面長著嘴，要用嘴聯繫感情，關心別人，換來別人的理解。」

「我總也忘不了父母教我的那些：

挖鼻孔，剔牙，打哈欠，這些動作都不能面對人做，應該用手掩住，用另一隻手來做，這樣形象較好。

光著背不能上街見人，不能穿拖鞋出門。上床睡覺，鞋要整整齊齊的擺在床下靠一邊，下床時好穿鞋，不能腳甩鞋，弄得東一隻西一隻的。

在哪裡拿的東西要送回原處。要做個可靠的人，事事要有交代。無論做什麼行業都不能有貪心。

爭名利是最俗氣的，越是爭越得不到，不爭，應當給你的，就會自然得到。

如今回過頭看看自己在坎坎坷坷的人生道路上的腳印，之所以還是那麼回事，從未失去過信心，正是因為父母的教誨：注意小節，永遠自信。」

正是這些無言的教誨，支撐起了一個不一樣的新鳳霞。而我們的父母，也用他們的愛支撐起了我們的今天。

我們將獨自走完人生之旅，旅途中感到疲憊時，如果想到父母的愛，消沉悲觀就會變成意氣風發；旅途中感到失意時，如果想起父母的愛，虛度年華就會化為萬丈豪情；旅途中想起了父母的愛，年輕的我們就會萌發回家的心願；旅途中無奈困惑，如果我們想起了父母的愛，我們那徬徨無奈的心靈就找了棲息的家園。父母的愛，如此偉大，如此綿長，似水而逝的流年也許會帶走很多的記憶，那唯一帶不走的永遠是父母的愛。

旅途中，我們不要忘記常回家看看，那將會是對父母莫大的安慰。外面的世界再大，也抵不過父母那裡的世界廣大。正如歌詞中說的：是你撫育我長大，陪我說第一句話，是你給我一個家，讓我與你共同擁有它。願意為我們甚至付出寶貴生命的人，只能是父母。我們的身體中流淌著她們愛的血液，我們的故事中總是他們在精神上的延續。奇妙而深刻偉大的愛，怎能不讓我們動容？

曾看到這麼一個故事：

好多年前的一個炎炎夏日，在美國佛羅里達州南部，有個小男孩為貪圖涼快，決定去自家房子後面一個形成已久的深水潭中游泳。他一頭栽進了水裡，絲毫沒有意識到自己遊往潭中心的同時，一隻美洲鱷也正在朝岸邊游來。小男孩的母親當時在屋子發現那隻美洲鱷正向她的孩子步步逼近，她極度驚恐起來，一邊迅速奔向水潭，一邊聲嘶力竭的朝自己的孩子呼喊著。

聽到她的呼喊，小男孩才猛然意識到了危險，立即掉頭向岸邊的母親游去。可是這時已經無濟於事。他的手勉強剛夠到他的母親，鱷魚也已經接觸到了他。

母親在岸上拼命的拉緊兒子的手臂，而此時美洲鱷也死死的咬住孩子的腿不放。為了爭奪小男孩，母親和鱷魚之間儼然展開了一場讓人難以置信的拔河較量。美洲鱷的力氣顯然要比母親強大得多，但是母親挽救兒子的堅定信念讓她無論如何也絕不放手，就在這萬分危急的關頭，一位農夫恰巧駕車經過，一聽到孩子母親的尖叫便飛速從卡車上跳下，瞄準鱷魚並開槍將其射殺。很慶幸，小男孩最終活了下來。鱷魚在他的腿上留下了觸目驚心的傷痕。不僅如此，他的雙臂上也留下了深深的抓痕，那是在生死關頭母親為了牢牢抓住摯愛的兒子，以至於手指甲都掐入了兒子的肉中所留下的。後來，他滿臉自豪的告訴記者：「大家還是看看我的手臂吧，我的手臂上也有好多傷疤呢。這是媽媽不放開我，在救我的時候留下的。」這就是偉大的親情，偉大的父母之愛。

我們感恩父母的愛，會用全部的身心去報答他們，沒有他們，哪裡有我們呢？我們在人海中行走，在心底裡高喊，在喧囂中沉寂，這之中的一個細節，也許是一個三口之家的甜蜜，也許是母親和兒子的對話，也許是父親那微微陀了的背，就讓我們想到自己的父母。我們會在心裡向父母承諾：爸爸媽媽，我愛你們，我會好好生活，我會努力工作，賺錢養家，不讓你們擔心，永遠孝敬你們。讓我們都在心底裡這樣承諾，這樣鼓勵自己，正是因為有他們，我們在這個世界上才不覺得孤獨寂寞，感覺自己有根，有面對世界的勇氣，有永遠向前的決心。珍惜父母的愛，感恩父母的愛，我們的人生之旅將是溫馨而美好的。

朋友是我們的無價之寶

朋友是一本書，一雙手，一面鏡子……我們重視朋友，是因為他有比金子和生命還貴重的人格意義。俗話說「一個籬笆三個樁，一個好漢三個幫」，每個人行走在人世間的道路都撒滿他人汗水，一個人獨行簡直不可思議。

維克多從父親的手中接過了一家食品店，這是一家古老的食品店，很早以前就存在而且名氣也已經很大了。維克多希望它在自己的手中能夠發展得更加壯大。

一天晚上，維克多在店裡收拾，第二天他將和妻子一起去度假。他準備早早的關上店門，以便做好準備。突然，他看到店門外站著一個年輕人，面黃肌瘦、衣服襤褸、雙眼深陷，典型的一個流浪漢。

維克多是個熱心腸的人。他走了出去，對那個年輕人說道：「小夥子，有什麼需要幫忙的嗎？」

年輕人略帶點靦腆的問道：「這裡是維克多食品店嗎？」他說話時口音帶著濃重的墨西哥味。

「是的。」

年輕人更加靦腆了，低著頭，小聲的說道：「我是從墨西哥來找工作的，可是整整兩個月了，我仍然沒有找到一份合適的工作。我父親年輕時也來過美國，他告訴我他在你的店裡買過東西，喏，就是這頂帽子。」

維克多看見小夥子的頭上果然戴著一頂十分破舊的帽子，那個被汗漬弄得模模糊糊的「V」字形符號正是他店裡的標記。「我現在沒有錢回家了，也好久沒有吃過一頓飽餐了。我想……」年輕人繼續說道。

維克多知道眼前站著的人只不過是多年前一個顧客的兒子，但他覺得應該幫助這個小夥子。於是，他把小夥子請進店內，讓他飽餐了一頓，並且還給了他一筆路費，讓他回國。

不久，維克多便將此事淡忘了。過了十幾年，維克多的食品店越來越興旺，在美國開了許多家分店，他於是決定向海外擴展，可是由於他在海外沒有根基，要想從頭發展也是很困難的。為此維克多一直猶豫不決。

正在這時，他突然收到一封從墨西哥寄來的一封陌生人的信，原來正是多年前他曾經幫過的那個流浪青年。

此時那個年輕人已經成了墨西哥一家大公司的總經理，他在信中邀請維克多來墨西哥發展，與他共創事業。這對於維克多來說真是喜出望外，有了那位年輕人的幫助，維克多很快在墨西哥建立了他的連鎖店，而且發展得異常迅速。

生活中，我們不能缺少朋友。多結交一個朋友就多一條路。愛默生說：「找到朋友的唯一辦法就是結交朋友。」在我們最困難的時候，往往是我們的朋友幫助了我們；離開了朋友，我們往往就會陷入無助之中。

當然了，在結交朋友的過程中，我們要真誠待友。

北宋的程頤曾說：「以誠感人者，人亦以誠而應。」

※

安妮想開一家時裝店，她對時裝情有獨鍾。開時裝店需要很大一筆錢，但她手裡的積蓄連租店面都不夠，她找到好友斯芬商量。斯芬見安妮興趣很高，不想潑她的冷水，打開保險櫃。拿出了所有的現金和信用卡，攤開雙手，對安妮說道，

「喏，就這些了，夠不夠？」

「OK，夠了夠了！太謝謝你了，斯芬！」

在斯芬的支持下，安妮的時裝店順利的開張了。開張那天，斯芬前來表示祝賀，安妮一見斯芬，激動的攤開雙手，笑著說道：「真誠的歡迎你，斯芬！」

兩位好友緊緊擁抱在一起。

安妮的服裝店生意很興隆，但安妮卻沒有歸還斯芬錢的意思。斯芬因沒有大的用處，也沒有找安妮要那筆錢。大約一年左右的時間，斯芬的姨媽住院，需要一大筆錢做手術，斯芬和姨媽感情很好，自然不會袖手旁觀，斯芬就想安妮能還一部分錢給她，她到安妮的時裝店，委婉的說明了來意。安妮的態度卻有些曖昧，推說店裡生意不好，沒賺上錢。

斯芬見安妮的店裡客來人往，只一會兒就做成了幾筆生意，她真誠的問安妮道：「真是這樣的嗎？」安妮一見斯芬這手

勢，想起當初斯芬幫助她的情景，臉一下子就紅了，把錢還給了斯芬，現在兩人關係一直相處得很好！

※

三國時代，呂岱和徐原是一對好朋友。徐原為人忠直，近呂岱的激勵推薦，官至御史。但是呂岱偶然有個過失，心情忠厚正直的徐原總是不客氣的當眾指責。有人覺得過度，到呂岱那裡說他的壞話，呂岱卻感慨說：「這就是我尊重徐原的原因啊！」後來徐原去世，呂岱悲傷的說：「我的好友，如今你不幸去世，從今而後，我還能從哪裡聽到自己的過失呢？」呂岱失去了一位真誠待他的朋友，這種真誠才是真正友誼的前提和吸引人的魅力之所在。

朋友應該以誠相待。沒有真誠，人們只的關係只能是虛偽的結合；沒有真誠，美好的友誼只能是水中月、鏡中花。友誼是以真心換真心，產生共鳴而撞出美麗的火花。我們要大聲的說，人生擁有朋友，這多麼好啊！

聖經上說：「忠誠的朋友是無價之寶。」我們不能買到友誼，也不能用錢來衡量朋友的價值。忠誠的朋友，可以豐富我們的生活，延長我們的生命。忠誠，能在可以信賴的人們之間架起心靈的橋樑，透過這座橋樑，打開對方心靈的大門，並在此基礎上並肩攜手，合作共事。自己真誠實在，表露真心，對方會感到我們信任他，從而卸下猜疑、戒備心理，把我們作為知心朋友，樂意向我們訴說一切。心理學家認為，每個人的思想深處都有內隱閉鎖的一面，同時，又有開放的一面，希望獲得他人的理解和信任。然而，開放是定向的，即向自己信得過的人開放。以一個開放的心靈換取到一位用全部身心幫助自己的朋友，這就是用忠誠換來忠誠。

※

亞遜斯有一次來到阿爾卑斯山下，遇到了幾位天神，天神說：「亞遜斯，我們有過朋友嗎？」亞遜斯回答說：「有，他愛我勝過愛我們。」這句話激怒了天神們，他們決心殺掉亞遜斯的朋友，便詢問這位朋友是誰。亞遜斯看出了天神們的用意，就閉口不談。天神們拿出了各自的寶貝引誘亞遜斯，許諾他將有一位美貌無比的妻子，成為一個威嚴無比的國王等等。這一切都沒有打動亞遜斯的心。但神通無比的天神們還是抓到了亞遜斯的朋友，只是沒有立刻殺死他，對亞遜斯的話，他們並不十分相信，於是以同樣的手段去引誘亞遜斯的朋友，只要他同意背叛亞遜斯，他將得到他所要的一切：美色、財富、權勢。哪知這位朋友也和亞遜斯一樣，絲毫未動心。天神們既羨慕又慚愧，卻沒有一位天神去殺他們，並悄悄的將他們放下了山。亞遜斯說：「我們彼此忠誠、信任，沒有什麼比我們的友誼更重要。」

他們忠誠的友誼震驚了天神，為世人傳頌。而忠誠是友誼的標誌。對朋友的忠誠說明我們對自己交友的正確認識，我們對朋友的忠誠必然能換回朋友對我們的傾心報答。

友誼是心靈的溝通，是情感的交流，是無私的關懷，是互相的信任，是真誠的忠告，是熱情的幫助。培根說，得不到友誼的人，將是終身可憐的孤獨者。沒有友情的社會，則只是一片荒涼的沙漠。那麼如何結交朋友？《孟子》中有：「人之相識貴在知心，人之相知貴在知心。」心意相知，情投意合的友誼，會使得我們的人生如沐春風。

敬愛老師是一輩子的事情

老師，是我們必須用一輩子去敬愛的人。我們要懂得尊敬老師，關心老師。因為老師對我們的成長傾注了心血，他們用畢生的時間守望著他的學生。

曾看到一篇文章，是一位女生寫自己的老師的：

高中的時候，學校來了一個教體育的老師，姓關。這位關老師在女生的心目中，像一株挺拔的工藝蠟，渾身上下沒有一點瑕疵，目光清澈，身形矯健。我的體育成績幾乎要靠「作弊」才能及格，比如說跑步，要靠站在比起跑線前面一點的地方，再加上搶跑才能過關；再比如說跳遠，需要幾個同學遮住老師的視線，我才能在衝過起跳點以後起跳。關老師要班上的同學做仰臥起坐，而我早和同學勾結好，互相亂數，以達到自欺欺人的效果。但是，關老師對我們明確的說，你們如果真的做不好，我可以送給你們及格，不過，你們要努力去試。你們應該相信自己，優秀也許很難，但做到及格沒有那麼難，及格是每個人透過努力都可以達到的。

他讓那個給我亂數數的同學走開，親自按住我的腳，對我說：「你來做，我來數，大家做監考。」我從來沒有那麼近的接觸過一個男老師，那是第一次，也是最後一次。結果我不但及格了，而且還達到了優秀。「仰臥起坐」對於我來說，比最難的考試還要沒有希望，但是我居然透過了。在以後的幾天，我渾身上下一直疼得厲害，那種實實在在的疼痛讓我感覺驕傲——我的仰臥起坐成績是優秀。

這位女生在文章的最後說：在我以後的人生中，遇到過很多類似「仰臥起坐」的事情，我以為自己再也起不來了，但是不知道為什麼，我會忽然感受到腳上有一種力量，那種力量正是當年關老師給我的，他按住我的雙腳，對我說：「你來做，我來數，大家做監考。」於是，我像當年一樣，咬緊牙關調動全身所有的力氣——再一次起來。

這樣的老師難道不值得我們銘記嗎？他用自己的努力告訴同學們，我們可以及格，不但可以及格，還能做到很優秀。

懂得感恩

「投我以木桃，報之以瓊瑤」，感恩是一種修養，是一種境界。在生活中，我們要讓自己成為一個懂得感恩的人 —— 感恩上天賜予我們的磨練；感恩父母賦予我們的生命；感恩知己給予我們的濃情；感恩朋友相予我們的情誼；感恩同事助予我們的工作；感恩我們活在愛的世界裡；感恩我們的生命軌跡有陌生人的幫助；感恩自然賦予我們的的和諧天地。

肖復興寫過一篇文章《學會感恩》，在文章中提到一件事。

幾年前的一天，他在崇文門地鐵站等候地鐵，一個也就四五歲的小男孩，從月臺的另一邊跑了過來。因為是冬天，羽絨衣把男孩撐得圓圓的，像個小皮球一樣的滾過來。小男孩問他到雍和宮坐地鐵哪站近？他就告訴男孩就在男孩的那一邊。小男孩高興的跑了過去，因為那邊男孩的媽媽在等男孩。他等了半天，車子沒來，於是他走了，準備計程車回去。他已經走到地鐵站的出口了，聽到男孩在「叔叔，叔叔」的叫他。因為不知道小男孩要做什麼，他便在原地等小男孩。小男孩滿頭熱汗的跑過來，氣喘吁吁的還說：「我剛才忘了跟您說聲謝謝了，媽媽問我說謝謝了嗎，我說忘了，媽媽讓我追你。」他說，他永遠忘不了那個男孩和男孩的母親，他們讓我們永遠不要忘記感恩，對世界上不管什麼人給予自己的哪怕是再微不足道的幫助和關懷，也不要忘記去感恩。

英國有一句諺語說：「感恩是美德中最微小的，忘恩負義是惡習中最不好的。」小男孩感恩的話語微小，但是他所傳遞出來的能量卻是巨大而感人的。

※

有一次，美國總統羅斯福（Franklin Delano Roosevelt）家中遭竊，丟了很多東西，有一位朋友知道了，專門寫信安慰他，勸他不必在意。羅斯福看了，給他的朋友回信：「親愛的朋友，謝謝你來安慰我，我現在很平安，感謝生活。因為，第一，賊偷去的是我的東西，而沒傷害我的生命；第二，賊只偷去我的部分東西，而不是全部；第三，最值得慶幸的是，做賊的是他，而不是我。」對任何一個人來說，家中遭竊絕對是一件不幸的事，而羅斯福卻找出了感謝的三條理由。感恩是一種境界，更應該是我們的一種追求。羅斯福懂得感恩，他身體力行自己的人生觀，走出了多麼美好的人生之路。

霍金（Stephen William Hawking）21 歲的時候患了一種可怕的病，他喪失了說話、走路的能力。但是，他並沒有被疾病嚇倒，而是用他幽默、樂觀的性格寫出了《時間簡史》、《胡桃裡的宇宙》等科學著作，從而獲得了「宇宙之王」的美稱。在一次關於成功的報告會後，一名記者向他提出疑問：「霍金先生，您不覺得命運對您太殘酷了嗎？」霍金笑了笑，用僅有兩根手指會動的手在電腦螢幕上打出幾行字：不，我不覺得！

我有愛我的親人，我的兩根手指會動，我有一個靈活的大腦。對了，我還有一個感恩的心……這是他在向命運示威，給殘疾的身體加以鼓勵。他懷抱感恩之心，擁吻自己那隱形的翅膀，才走出了壯美的人生。

人生是一段痛苦與歡樂相伴隨的旅程，我們要努力讓自己的人生多與歡樂相伴，就需要懷抱感恩之心。懂得感恩的生命就不會貧瘠，就綻放著希望之花。懷抱一個感恩的心，不要斤斤計較個人得失。我們幫助別人，不期待別人報答。人本來都有健忘的毛病，所以就是對方曾欠我們一些人情，我們也不可抱著討人情的心態去要求對方幫忙，因為這有可能引起對方的不快和反感。如果因為這樣，我們動輒就求人幫我們的忙，那麼隨著時間的推移，我們就會慢慢變成了一個不受歡迎的人。當然也有主動幫助我們的人，但切勿認為這是天上掉下來的餡餅，我們若無適度的回饋，這也是一種「透支」，而「透支」是需要付出一定代價的。

感恩是一種歌唱生活的方式，他讓我們的人生充滿了希望和愛。不懂得感恩的人，會處處覺得人生的痛苦與無奈，只是抱怨，索取，這樣的人生是乏味而無趣的。我們要樂觀積極，懂得感恩生活，感恩生活的賜予，感恩生命中的那些情義，感恩我們自己的努力。懷抱感恩之心，擁抱生活的愛，我們將開啟希望之旅，樂觀和笑聲將伴隨我們始終。

寬容是一種美德

泰戈爾說:「世界以痛吻我,我要報之以愛。」多麼寬和的力量。寬容的人,是大氣從容的人。曾看到過這麼一則故事:

那一年小男孩只有 12 歲。那件事發生在一個風和日麗的午後。那天,他正和一個朋友躲在那位老夫人家的後院裡,朝她的屋頂上扔石頭。他們饒有興趣的注視著石頭從房頂邊緣滾落,看著石頭像子彈一樣射出,又像彗星一樣從天而降,他們覺得很開心,很有趣。

他拾起一枚表面很光滑的石頭,然後把它擲了出去。也許因為那塊石頭太滑了,當他把它擲出去的時候,不小心,它從他手中滑落,結果砸到了老夫人後廊上的一個小窗戶上。他們聽到玻璃破碎的聲音,就像兔子一樣從老夫人的後院飛快的逃走了。

那天晚上,他一想到老夫人後廊上被打碎的玻璃就很害怕,他擔心會被她抓住,很長時間過去了,一點動靜都沒有。這時候,他確信已經沒事了,但他的良心卻開始為她的損失感到一種深深的犯罪感,他決定把自己送報紙的錢存下來,幫她修理窗戶。3 個星期後,他已經存下 7 美元,他計算過,這些錢已經足夠修理窗戶了。他把錢和一張便條。一起放在信封裡,在便條上寫清了事情的來龍去脈,並且說很抱歉打破了她的窗戶,希望這 7 美元能抵補她修理窗戶的開銷。

一直等到天黑才鬼鬼祟祟的把信封放進老夫人家門前的信

箱裡。他的靈魂感到一種贖罪後的解脫，他重新覺得自己能夠正視老夫人的眼睛了。

第二天，他去給老夫人送報紙，他又能坦然面對老夫人給予他的親切溫和的微笑並且也能回她一個微笑了。她為報紙的事謝過他之後說：「我有點東西給你。」原來是一袋餅乾。

吃了很多塊餅乾之後，他突然發現袋子裡有一個信封，信封裡面是7美元和一張簡短的便條，上面寫著：「我為你驕傲。」默默的寬容，帶給人的是心情的愉悅和永久的感動。

「一隻腳踩扁了紫羅蘭，它卻把香味留在那腳跟上，這就是寬恕。」用一顆寬容的心對待一切，我們的生命自然會絢麗。

※

清代詩人、書法家何紹基是道光年間的進士，在做學政。他精通經史，是晚清宋詩派作者。一天，他收到一份家書，說的是家中為三尺屋場地與鄰居爭執，要他速去助奪。何紹基一笑，提筆復函，把並賦詩一首：萬里家書只為牆，讓人三尺又何妨？長城萬里今尤在，不見當年秦始皇。在他的開導下，兩家終於化干戈為玉帛，此事後來被傳為佳話。

爭名奪利是人生的大不幸，狹隘的心胸更能促成人生悲劇的根源，只有寬容的心，才能留下永恆的愛。

美國前任總統柯林頓（William Jefferson Clinton）也有這樣一件事，被人們傳頌至今。

※

有一天，柯林頓去醫院探視病人，有一個小孩突然鑽到他的身邊。小男孩不斷的看著柯林頓，一句話也不說。沉默幾秒後，柯林頓先開口：「你有什麼話要跟我說嗎？」小男孩說：「我想要你的簽名！」柯林頓情不自禁的微笑，拿出名片，很快的寫上自己的名字，正要交給小孩時，小男孩又要求說：「我可以要四張嗎？」柯林頓一臉笑意：「為什麼要那麼多張？一張不夠用嗎？」小男孩說：「我要用三張你的簽名去換麥可喬丹的一張簽名照。」柯林頓並沒有因此而不高興，他接著拿出三張名片，都簽上了自己的名字。同時開心的說：「我有一個侄子，也喜歡麥可喬丹，改天有空我也要幫他去換一張邃克喬丹的簽名照。」柯林頓沒有去嘲笑他們多麼天真，也沒有責怪他們的想法是多麼的笨拙無知，他只是盡量的滿足孩子的心願，給他們帶去盡可能多的快樂。他的寬容和大度使得孩子的生活充滿了更多關愛與歡樂。其實，只有寬容，生活才能少一點風雨，多一點溫暖和陽光。寬容永遠都是一片晴天。

懂得給予才能有所收穫

富蘭克林說過：「人與人之間的相互關係中對人生的幸福最重要的莫過於真實、誠意和給予。」懂得給予人生才能美好，懂得給予我們才能得到收穫。

有一位農民，聽說某地培育一種新的玉米種子，收成很好，於是千方百計買來一些。他的鄰居聽說後，紛紛找到他，向他詢問種子的有關情況和出售種子的地方，這位農民害怕大家都種這樣的種子而失去競爭優勢，便拒絕回答，鄰居們沒有辦法，只好繼續種原來的種子。誰知，收穫的時候，這個農民的玉米並沒有取得豐收，跟鄰居家的玉米相比，也強不到哪裡去。為了尋找原因，農民去請教一位專家。

經專家分析，很快查出了玉米減產的原因：他的優種玉米接受了鄰居劣等玉米的花粉。

農民之所以事與願違，是因為他不懂得簡單的生活道理：人生要懂得給予，給予總是相互的。我們都不是孤立的存在於社會之中，我們都需要給予和接受。給予別人快樂自己，給予別人提升自己，給予別人找回自己。懂得給予，人生才能成長和精彩。

※

紐約一位商人看到一個衣衫襤褸的鉛筆推銷員，頓生了憐憫之情，他把１元丟進賣鉛筆人的懷中，就走開了。但是他同時又覺得不妥，就返回去又從鉛筆人手中取走了幾根鉛筆，並且抱歉的解釋自己忘記帶筆了，希望對方不要介意，並且說：「你跟我一樣都是商人，你有東西要賣，而且上面有標價。」幾個月後，在一個社交場合，一位衣著考究的推銷員迎上了這位紐約的商人：您可能已經忘了我了，我也不知曉你的名字，但是我永遠忘不了你，你是重新給了我自尊的人。以前我覺得自己像個乞丐，直到您跑去告訴我，我才明白自己也是一個商人。」

紐約商人做夢也想不到，他簡單的一句話就給了這個人重生的可能，取得了如此大的成就。給予的僅僅只是一句話，它的能量就如此之大。

※

有一個猶太人在將死的時候被帶去觀看天堂和地獄，以便比較之後，能聰明的選擇他的歸宿。他先被帶去看了魔鬼掌管的地獄。他第一眼看上去就覺得十分吃驚，在地獄裡放著一張直徑兩米的圓桌，桌面上擺滿了美味佳餚，包括肉、水果和蔬菜。圍著桌子坐了一圈人，但是，桌子旁邊的那些人，沒有一張笑臉，也沒有盛宴上的音樂或狂歡的跡象。這些人看起來很沉悶，無精打采，而且每個人都瘦成皮包骨。猶太人發現地獄裡的每個人的手裡都拿著一把兩米長的叉子。按要求這些人只能用叉子取食桌上的東西。將死的猶太人看到，地獄裡的人都爭先恐後的叉菜，但是因為叉子太長不能把菜送到嘴裡，所以即使每一樣食物都在他們的手邊，但結果就是吃不到，一直在挨餓，因此他們急得都快發瘋了。

猶太人又去了天堂，天堂裡的景象和地獄裡完全一樣：同樣也放著一張直徑兩米的圓桌，桌面上也擺滿了美味佳餚，同樣也是兩米長的叉子，然而天堂裡的人卻都在唱歌、歡笑。這位參觀的猶太人很困惑，為什麼情況完全相同，而結果卻完全不同呢？後來他看明白了：地獄裡的每一個人都是在餵自己，但兩米長的叉子根本不可能讓自己吃到東西；而天堂裡的每一個人都在用叉子叉菜餵給對面的人吃，同時自己也被對面的人所餵食，因此，每一個人都吃得很開心。因為天堂裡的人都懂得：因為幫助了他人，就是幫助了自己。換一種方式善待別人，能使自己和他人都快樂。

這個故事使每一個凡人都獲得一種感悟：沒有人能夠不需要任何幫助而獲得成功的。因為個人的力量畢竟有限，所有成功的人物，都必須依靠他人的幫助，才有發展和壯大的可能。

曾看到這樣一個故事：

美國的一位青年在 18 歲生日那天，央求富有的哥哥送他一輛漂亮的轎車作為禮物。鄰居一位 10 歲的小男孩看了後羨慕不已，在轎車旁端詳。青年以為少年會說「要是有人送我一輛就好了」，但出乎他意料的是，少年說的是「我要是能送一輛給弟弟就好了」。青年深深的為少年那一顆真誠的心感動了，就主動用車送這位少年回家。到家後，少年讓青年稍等一下，並進屋用輪椅推出了弟弟——原來，弟弟的身體有殘疾。此時，青年以為男孩想讓他的弟弟也坐一下他的新轎車，可是他又錯了——男孩指著轎車對自己的弟弟說：「看吧，這是他哥哥送給他的禮物，將來我也要送給你這樣的禮物。」這兩次誤會，讓青年明白了一個道理：這位少年一心只想的是給予他人，而他因給予所得到的快樂遠遠多於他自己從索取中得到的快樂。

一個給予的心便是一片綠洲，在滋潤別人的同時，也肯定能滋潤自身。

有句俗話說得好：三個臭皮匠，能頂一個諸葛亮。在現代生活裡，競爭越來越激烈，我們更不可能完全憑藉自己的力量來完成某項事業，沒有人能獨自成功。相反我們應該利用集體的力量，團結協作是獲得成功的關鍵。我們要懂得給予，在給予中收穫快樂和喜悅。給予都是相互的，我們在付出的同時，也得到了笑臉和尊重，而下一次別人也會同樣的給予我們，這樣的給予多麼美好。

學會善解人意

善解人意，顧名思義就是很能體諒人、很能體貼人、學會換位思考。

善解人意，不應僅從文字上作善於揣摩人的心意去理解。其「善解」的「善」，也不能僅作「善於」解釋。它還應包含善心、善良的願望這層意思。善解人意，首先要與人為善，善待他人，而後才能理解人、諒解人、體察人，展現我們人格的魅力。

《伊索寓言》裡有這樣一則故事，講的是太陽和風的故事。一天，太陽與風正在爭論誰比較強壯，風說：「當然是我。你看下面那位穿著外套的老人，我打賭，我可以比你更快的叫他脫下外套。」

說著，風便用力對著老人吹，希望把老人的外套吹下來。但是它越吹，老人越把外套裹得更緊。

後來，風吹累了，太陽便從後面走出來，暖洋洋的照在老人身上。沒多久，老人便開始擦汗，並且把外套脫下。太陽於是對風說道：「溫和、友善永遠強偏激烈與狂暴。」

伊索（Aesop）是個希臘奴隸，比耶穌誕生還早600年，但是他教給我們許多有關人性的真理。使我們知道，現在，溫和、友善和讚賞的態度更能教人改變心意，這是咆哮和猛烈攻擊所難以奏效的。

※

著名牧師約翰·古德諾在他的著作《如何把人變成黃金》中舉了這樣一個例子：

多年來，作為消遣，我常常在距家不遠的公園散步、騎馬，我很喜歡橡樹，所以每當我看見小橡樹和灌木被不小心引起的火燒死，就非常痛心，這些火不是粗心的吸菸者引起，它們大多是那些到公園裡體驗土著人生活的遊人引起的，他們在樹下烹飪而燒著了樹。火勢有時候很猛，需要消防隊才能撲滅。

在公園邊上有一個布告牌警告說：凡引起火災的人會受到罰款甚至拘禁。

但是這個布告豎在一個人們很難看到的地方，兒童更是不能看到它。有一位騎馬的員警負責保護公園，但他很不盡職，火仍然常常蔓延。

有一次，我跑到一個員警那裡，告訴他有一處著火了，而且蔓延很快，我要求他通知消防隊，他卻冷淡的回答說，那不是他的事，因為那不在他的管轄區域內。我急了，所以從那以後，當我騎馬出去的時候，我擔任自己委任的『單人委員會』的委員，保護公共場所。當我看見樹下著火，非常不高興。最初，我警告那些小孩子，引火可能被拘禁，我用權威的口氣，命令他們把火撲滅。如果他們拒絕，我就恫嚇他們，要將他們送去警察局 —— 我在發洩我的反感。

結果呢？兒童們當面服從了，滿懷反感的服從。在我消失在山後邊時，他們重新點火。讓火燒得更旺 —— 希望把全部樹木燒光。

這樣的事情發生多了，我慢慢教會自己多掌握一點人際關係的知識，用一點手段，一點從對方立場看問題的方法。

於是我不再下命令，我騎馬到火堆前，開始這樣說：

「孩子們，很高興吧？你們在做什麼晚餐？……當我是一個小孩子時，我也喜歡生火玩，現在也還喜歡。但你們知道在這個公園裡，火是很危險的，我知道你們沒有惡意，但別的孩子們就不同，他們看見你們生火，他們也會生一大堆火，回家的時候也不撲滅，讓火在乾葉中蔓延，傷害了樹木。如果我們再不小心，這裡就沒有樹了。因為生火，你們可能被拘下獄，我當然不願意干涉你們的快樂，我喜歡看你們玩樂。請你們馬上將樹葉挪開，離火遠些，好不好？請你們離開前，請小心用土將火蓋起來，好不好？請下次你們再玩時，在那邊沙堆上生火，好不好？那裡不會有危險……多謝，孩子們，祝你們快樂！」

這種說法產生的效果有多大！

它讓兒童們樂意合作，沒有怨恨，沒有反感。他們沒有被強制服從命令，他們覺得好，我也覺得好。因為我考慮了他們的觀點——他們要的是生火玩，而我達到了我的目的——不發生火災，不毀壞樹木。

生活中有時會發生這種情形：對方或許完全錯了，但他仍不以為然。在這種情況下，不要指責他人，這是愚人的做法。我們應該去了解他，而只有聰明、寬容、特殊的人才會這樣去做。

對方為什麼會有那樣的思想和行為，其中自有一定的原因。探尋出其中隱藏的原因來，我們便得到了了解他人行動或人格的鑰匙。而要找到這種鑰匙，就必須誠實的將我們自己放在他的位置上。

我們對自己的人生負責，要懂得讓別人接受自己，要用一顆善解人意的心靈去解開別人心靈的防備，感受到我們的態度，贏得別人的好感。這樣的人生才會順心愜意，一帆風順。

吃虧是福

生活中，很多人都不愛吃虧。人生幾十年，誰不曾吃過虧，但誰都不愛吃虧。不過，聰明人則認為吃虧是福。

吃虧是福關鍵在於心，在於不計較小小得失。生活中，懂得吃虧的人才是真正的智者。對於生活中由於爭端而吃點虧，最好的做法是「大事化小，小事化了」。因為每個人生活中都會有不順心的時候，但我們能在這個時候盡量忍讓，不惹事端，多考慮對方的感受，多感謝他們平時對自己的幫助和支持，這才有助於以後的發展。

※

相傳上古時代南方有一隻千年老蝸牛，碩大無比。蝸牛的左角上有一個國家，名叫「觸氏」，蝸牛的右角上有一個國家，名叫「蠻氏」。兩國的土地極其肥沃，抓一把就可以捏出油來。按理，這兩國足以豐衣足食，安居樂業，建立友好鄰邦，或者不相往來，高枕無憂，享受太平。可是「蠻氏」國的酋長老是瞅著對方的那片土地，直咽口水。即有這份霸占的心理，便趁一個月黑風高之夜，調集了二萬八千將士，直撲觸氏。

然而觸氏首領也是愛占便宜之輩，老是想著怎麼能從鐵公雞身上拔出毛，癩哈蟆身上取四兩肉來，免不了向鄰國偷偷摸摸，蠢蠢欲動，企圖吞併蠻氏。這一來正好下山虎遇著上山虎。觸氏首領決定乘此良機，一舉占領蠻氏，當即召集了三萬好漢，群情激憤，直撲蠻氏。

朝陽初開的時刻，觸蠻兩國兵馬在蝸牛頭上的這一片開闊地上短兵相接，無須下令，五萬八千漢子便胡亂砍殺起來。直殺得血肉橫飛，鬼哭狼嚎，飛沙走石，日月無光。三天之後，觸蠻兩國全軍覆沒，蠻酋被攔腰斬成二段，觸酋身首異處。一眼望去，伏屍橫野，陰風慘慘。多年後，有一位騷人墨客途經此方，憑弔之際，但見屍骨遍野，不禁哀吟道：

「鳥無聲兮山寂寂，夜正長兮風淅淅。魂魄結兮天沉沉，鬼神聚兮雲幕幕。日光寒兮草短，月色苦兮霜白。傷心慘目，有如是耶？」

然而造物主似乎俯視含笑，笑這些鼠目寸光，冥頑不靈的眾生，往往為了蠅頭小利、蝸角之地，征戰砍伐，結果呢？多半是兩敗俱傷，死無葬身之地！

俗話說：「吃虧人常在，財去人安樂」，是說能夠吃虧、善於吃虧的人平安無事，而且終究不會吃大虧。「善有善報，惡有惡報」已是千古定律了，人生命的軌跡總有可以預料之處。對於吃虧的人，冥冥之中，社會和人，總有給予相應或更多的回報。相反，總愛貪便宜的人最終貪不到真正的便宜，而且還會讓人背後戳脊樑骨。古今有多少人因貪眼前的小便宜而過早的毀滅了自己啊！因此，在社會中生活，必須記住「吃虧是福」這個閃耀著哲理和經驗之光的格言。

吃虧是福，吃虧吃出來的是人的胸襟和氣量，是人的高度和水準。不計較得失，才能有更多的得。相反，如果斤斤計較於得失，一點虧都不能吃的人，最終是要在人生路上跌跟頭的。宋朝時，李士衡在館閣任職，一次出使高麗，一名武將擔任他的副使。高麗方面贈送了許多禮品財物，李士衡並不在意，只是把它交給副使管理。出發前，副使發現船底有隙縫滲水現象，副使不動聲色把李士衡得到的絲綢細絹墊放在船底，然後把屬於自己的禮物放在上面，避免自己的東西受潮。船到大海之中，風浪洶湧，船又太重，很危險，船員要求把裝載的東西全部扔掉，否則船翻人亡。副使也很慌張，就急急的把船上的東西拋入大海。大約東西丟了一半時，風浪平息，航船穩定了。過後檢點一下，丟掉的都是副使的財物，而李士衡的物品由於放在船底，除了受點潮溼，其餘完好無損。從這個故事看出，李士衡原先吃了虧，結果是既得利益者。

我們要明白，人生處處要放寬胸襟，不計較得失，吃虧沒什麼。居禮夫人為人類做出了偉大的貢獻，卻生活和實驗在一個黑暗潮溼的地下室，有人說她吃虧吃大了，叫她將提煉出的放射元素鐳申請專利，去享受幾輩子的榮華富貴，可是居禮夫人說：鐳，屬於科學，誰也沒有權利出賣它！依然一如既往吃虧，心甘情願的吃虧，直至為科學獻出生命。但是居禮夫人卻永遠成為人們追求崇高的偶像。人生路漫漫，我們要懂得吃虧就是享福的道理，萬不可因為一時的吃虧上當，而耿耿於懷，那樣就是真正的失敗者了。

你的涵養指數有多高？

■ 測驗攻略

測驗意義：★★★

準確指數：★★

測驗時間：18 分鐘

■ 測驗情景

涵養指身心方面的修養工夫，有時也指控制情緒的能力，因此，每個人都希望自己變得有涵養，然而，發現別人沒有涵養並非難事，難的是正確認識自己的涵養。

■ 測驗問答

1. 當你的朋友做出你極不贊成的事時，你會怎麼做？

   A. 跟他斷絕來往。

   B. 把自己的感受告訴他，但仍然和他保持友誼。

   C. 告誡自己此事與自己無關，同他的關係依舊。

2. 你很難寬恕嚴重傷害過你的人嗎？

   A. 是的，很難原諒他。

   B. 不是，可以原諒他。

   C. 寬恕他不難，但不會忘記此事。

3. 你認為：

   A. 為了維護道德標準而指責別人是完全必要的。

   B. 在一定程度上指責別人是必要的，如從愛護的角度出發。

   C. 不應該指責別人。

4. 你多數朋友在性格上：

   A. 都和你很相像。

   B. 與你不同，而且他們之間也彼此不同。

   C. 與你大體上相同。

5. 在外玩樂的孩子使你不能集中精力工作時：

   A. 你會因孩子玩得快樂而高興嗎？

   B. 你會對他們發脾氣嗎？

   C. 你會感到心煩嗎？

6. 若出國旅遊時發現那裡衛生條件很差：

   A. 你很快就能適應。

   B. 你對自己所處環境一笑置之。

   C. 你認為這個國家太不衛生。

7. 你認為下列哪種素養最重要？

   A. 仁慈。

   B. 正直。

   C. 順從。

8. 你同別人批評性或議論你的朋友嗎？

A. 經常。

B. 很少。

C. 有時。

9. 如果你所討厭的人有了好運：

A. 你覺得煩惱或忌妒。

B. 你不太在乎，但覺得這好運要是到你身上該多好。

C. 你認為此事對他確實是件好事。

10. 你屬於下面的哪種情況？

A. 盡量使別人按照自己的準則看待或對待事物。

B. 對不同的事物提出自己的觀點或意見，不會為此同人爭論或盡量說服他人。

C. 別人不直接問你，你便不會主動說出自己的觀點。

11. 你某一個朋友的生活看上去很不錯，可是他總是對你抱怨說他感到沮喪，你會怎樣安慰他？

A. 同情他的述說。

B. 勸他要振作起來。

C. 同他出去散散心。

12. 你可能雇用精神崩潰、意志消沉、身體狀況不佳的人嗎？

A. 不會。

B. 如果能證明經過一段時間的治療確能康復，會雇用。

C. 只要他能做一些適合他的工作，會雇用他的。

13. 你同意「道德是相對的」這句話嗎？

A. 完全同意這種說法。

B. 只是基本上同意。

C. 根本不贊成這種說法。

14. 當你碰到有人不贊成你的觀點時：

A. 你會同他爭論或發脾氣。

B. 你喜歡爭論，但能保持冷靜。

C. 盡量避免和他爭論。

15. 你閱讀那些同你觀點不同的刊物嗎？

A. 從來不看。

B. 如果碰到的話也可以看看。

C. 看，而且還有特別的興趣。

16. 你最贊成下列哪種說法？

A. 如果對犯罪行為懲辦得嚴厲一些，犯罪分子就會減少。

B. 社會的狀況好一些，相對的犯罪就會少一些。

C. 我認為了解犯罪者的心理最重要。

17. 下面的觀點，哪個是你特別贊同的。

A. 制定一些準則，對社會中人們的行為加以控制是必要的，但越少越好。

B. 人必須有規可循，因為人需要控制。

C. 對人加以限制是暴虐，而且是殘酷的。

18. 如果你是信仰宗教的：

A. 你認為你的信仰是唯一正確的。

B. 各種信仰都是有一定道德的。

C. 你認為不信教的人就是罪人。

19. 如果你不信教：

A. 你認為宗教信徒都是愚蠢的人。

B. 你認為信教都是危險的、有害的。

C. 你認為信教僅對某些人是有好處。

20. 你對有些上歲數人的大驚小怪或瞎操心的反應是：

A. 耐心的聽。

B. 心煩。

C. 有時聽有時不聽。

21. 當比你年輕的人對你產生懷疑，和你爭論時：

A. 感覺不自在。

B. 認為這是件好事。

C. 感到生氣。

22. 你經常認為你的做法是正確的嗎？

A. 經常。

B. 很少

C. 有時

23. 如果你暫住在與你的家庭生活習慣完全不同的人家：

A. 你能很高興的去適應這一切。

B. 你會因為你住的地方混亂，無秩序或過度要求整潔而感到惱火。

C. 你覺得自己在短時間內還可以忍受，但時間一長就難以維持了。

24. 別人的生活習慣會使你厭煩嗎？

A. 經常。

B. 一點也不。

C. 有時。

25. 你最贊同下面哪些說法？

A. 我們不應當對別人的行為妄加評論，因為沒有人能夠完全理解另一個人的行為動機。

B. 人們應該對自己的行為負責。並承擔後果。

C. 我們應該對別人的行為做出評價。

■ 測驗解析

分值表

題號	A	B	C	題號	A	B	C
1	1	2	3	14	1	3	2
2	3	2	1	15	1	3	2
3	1	3	2	16	2	1	0
4	1	2	3	17	0	2	2
5	1	3	2	18	2	0	2

題號	A	B	C	題號	A	B	C
6	1	3	2	19	2	2	0
7	3	1	2	20	0	2	1
8	3	1	2	21	1	0	2
9	3	1	2	22	2	0	0
10	3	1	2	23	0	2	1
11	2	3	1	24	2	0	1
12	2	3	1	25	0	2	1
13	3	1	2				

12 分以下，很有涵養。

你是一位很有涵養的人。你能夠充分意識到別人面臨的困難，理解他們的難處，甚至當他們冒犯或傷害了你的感情的時候，你仍能對此表示諒解。所以對別人來說你無疑是受歡迎的，會成為大家的好朋友，有些人也可能會辱罵像你這樣富有同情心和善良的人。儘管如此，你仍不會同他們發生真正的爭執。

13 ～ 25 分，你是一位有涵養的人。

你是一位很有涵養的人，起碼很多人認為你是這樣，但是，你或許只是在某些方面有涵養，容得下不同意見。

26 ～ 37 分，你不如多數人那樣有涵養。

基本上可以說你已屬於缺乏涵養之列，你同朋友的友誼不會持續太久，這還意味著一點點小小的麻煩也會使你感到苦惱，你實際上在許多沒有價值的微小事物上浪費了許多的感情，你很可能以為自己是一個高度堅持原則的人，如果你能把自己的生活、經歷再擴展一些，與人們的交往再多一些，你的涵養度數是會降下來的，最終你會為此感到欣慰。

38 分以上，你相當缺乏涵養。

你是一個專橫霸道、固執己見並易於冒犯別人的人。你能保留住的唯一朋友不是對你的錢財感興趣的人，就是一個真正有涵養的人。你不妨問問自己，為什麼不能容忍別人對你做錯事，為什麼不理解別人犯錯誤的原因。你對自己的錯誤和缺點也是持這樣的態度嗎？

■ 測驗結論

心智正常的人都希望自己是有涵養的，如果說其中的誰缺少涵養，是近乎侮辱的。雖說涵養無價，但涵養對於每個人都是有價值的。涵養是一種資本，在社會生活中會帶給人不盡的利益；涵養是一種信用，能為人聚來同樣有涵養的朋友；涵養還是一種符號，它默默的向人們展示一個人心靈的高貴和文明。

Chapter7

尋找生命的價值

小草，會因為生命的責任為大地添一抹綠意；小溪，也會因為責任而養育生命，滋潤土地；鳥兒，會因為生命的責任向人們及時報告春天來臨的喜訊。世間萬物，無論卑微或高貴，皆有責任，人亦如此。因為這無數個責任的踐行便構成了我們今日這紛繁美好的世界。

生命是一個過程，也是一個結果

「生」對人而言，可謂意義重大。人，既生於世，首要考慮的問題就是該怎樣活著。人生大致可分為「生存、生活、生命」三個層次，每個層次帶給我們的感受都是截然不同的。但情況往往是這樣，許多人拼盡全力馳騁於人生的疆場上，到頭來卻不知自己該活在哪一個層次，為此半生無味。

※

一個從事推銷業務的朋友，他每天為了生活不停奔波。他說，他時刻擔心如果自己業績不佳，會被經理勒令走人。

一天，他與一位朋友探討如何苦中作樂，如何尋找工作意義，正討論得火熱之時，朋友問他：「人生有生存、生活、生命三個層次，你覺得自己活在哪個層次比較多？」

已近不惑之年的他，還算是一個性格爽朗、心胸開闊的人，可是當重壓在身時，卻容易走進死路而不肯回頭。

他思索了好一陣，似有些憂鬱的說：「在家裡，我和家人就是吃、睡、看電視，好像多半處於『生存』的層次；和同事能多聊一會兒，應該『生活』層次多一點;『生命』層次是什麼？我不太懂，我想不是很重要吧！」

他現在已經沒有心情顧及別的東西，養家糊口成了他生活的全部內容，但朋友覺得他之所以不快樂還與他本末倒置的生活狀態有關。為此朋友又問他：「當孩子從外回家，通常你會怎麼做？」「我會說：『回來了。』要不就是看他一眼，再繼續看電視。」

「你覺得這屬於哪個層次呢？」朋友問他。「生存層次。」他回答得很俐落。「所以，缺少了『生活』層次的互動學習，也缺少了『生命』層次的關懷與分享……」朋友有些遺憾的說道。

「噢！」他恍然大悟，「我知道了，以此來看，我工作上的壓力也是緣於此了。我與客戶交往時，只停留在『生存』層次的『賺錢』目的上，所以談起來感覺很困難，壓力也就自然的產生了！」

「對！」朋友鼓勵他，「如果不是只為了『生存』而賺錢，還能為了『生活』而成長，為了『生命』而樂於分享，日子就會好過得多了。」

其實，活著就是這樣，不管單獨活在哪個層次上，久而久之都會衍生出焦慮和壓力。唯有三者統一，在生存的基礎上多點生活的韻味、多點生命的色彩，人生才能盡顯其繽紛和絢麗。

生命的好壞在於我們是否用心去體會。

沒有任何事可以成為我們結束生命的理由，生命是寶貴的，只要生命始終保持一種積極的目的與嚮往，只要把生命的每一個細節都細細的咀嚼，生命就會永遠鮮活而多彩。

人的一生中，困難、挫折是不斷出現的路障或陷阱，有時令我們防不勝防。諸如失戀、失業、無家可歸，種種不幸常常讓人產生不想活了的念頭。難道這些不如意真的嚴重到危及生命嗎？其實，仔細想來，人最大的敵人還是自己。

有時候，當我們經歷了人世的喧囂而渴望一種平靜的狀態時，當我們在世俗的激流中沖洗、打磨而變得練達、成熟時，我們的心境，就會像一片廣闊無際的曠野，我們心靈的深處就會呈現一片自由而高遠的天空。

生命是極為美好的，處在逆境中的人卻常常忽略了這一點。而那些真正與死神擦肩而過的人，才能豁然感悟生活的真諦。

※

有一位去做心理諮商的老人向醫生講述了他的故事：

「我年輕的時候也曾因為受到一點挫折想過要自殺。一個晴朗的早晨，我趁妻子和孩子仍在熟睡，便悄悄起床，拿了一根繩子來到樹林裡，走到一顆結實的櫻桃樹下，我想把繩子掛在樹枝上，扔了幾次也沒成功，於是我就爬上樹去。樹上掛滿了櫻桃，我摘了一顆放進嘴裡，真甜啊！於是我又摘了一顆。我貪婪的品嘗著櫻桃的甜美，直到太陽出來了，萬丈金光灑在樹林裡，陽光下的樹葉隨風搖曳，滿眼是細碎的亮點。我第一次發現林子這麼美麗，這時有幾個上學的小學生來到樹下，讓我摘櫻桃給他們吃。我搖動樹枝，看他們歡快的在樹下撿櫻桃，然後蹦蹦跳跳去上學。看著他們的背影遠去，我突然發現生活原來還有那麼多的美好等我去享受，我為什麼要早早的離開它呢？我收起繩子回家了。從那以後我再也不想自殺了。」

在聽他講述的時候，醫生似乎不是在聽一個人講述自殺，反倒像在聽一個人描述美好的早晨，醫生也完全被他眼中的美景迷醉了。生活的確有很多美好，就看我們是否是用心去體會。

一個曾欲放棄生命的朋友，當他掙脫了死神的召喚後，有人問他死亡的感覺是什麼樣子。他說一直在昏迷中，沒覺著怎麼痛苦。倒是出院的那天，看到陽光如此的明媚，外面的世界如此的新鮮，小孩子高興的在廣場上放著風箏，真是可愛。長這麼大第一次發現世界是這樣的美好。

其實，世界還是那個世界，只是感受世界的那顆心不同了。

生命是一列向著一個叫死亡的終點疾馳的火車，沿途有許多美麗的風景值得我們留戀。

我們在平凡中誕生、成長，在沒有浮躁和喧嘩的地方老去、消亡。我們經歷了世間的滄桑和世俗的繁瑣，為曾經歷或正在經歷的生命深處的困惑而變得堅強和果斷；為曾經擁有銘心刻骨的痛苦經歷而自豪。我們在失敗的苦難中自勵，在成功的喜悅中自省。這就是我們能夠真正面對現實的緣由。

當我們用堅強加強自己戰勝不幸的時候，我們會發現，我們曾經想結束生命的想法是多麼可笑和可怕。沒有任何事可以成為我們結束生命的理由，生命只有一次。

生命是一個過程，也是一種結果。生命的意義不僅在於耕耘，也在於收穫。只顧耕耘、不問收穫不是對生命的負責；只問收穫、不善收穫同樣會帶來生命的缺憾。生活不會給我們太多的機遇，我們不如現實的面對人生：不能擁有陽光，就攬一片月華；摘不下滿天星，就收穫一片雲。只要我們真心真意的生活，珍惜生活的每一次饋贈，不管我們能否達到理想的聖地，面對人生，我們都會深深感到生活的充盈。

活著是一種心情

人的一生要走過的路很漫長，而在這漫漫的人生路上，並不都是筆直的大道。這中間我們要遇到許多坎坷與束縛。因而，面對這樣的人生，我們需要不斷的左衝右突，掙脫束縛，追尋屬於自己的幸福和快樂。尋找屬於自己的一片天空。有這樣一個關於大象的故事，講的就是如果擺脫不了心靈的枷鎖，那麼即使是一根小小的鐵鍊也能把千斤的大象困住。

一個小孩在看完馬戲團精彩的表演後，隨著父親到帳篷外面拿乾草餵養剛剛表演完的動物。這時候小孩注意到有一個大象群，問父親：「爸爸，大象那麼有力氣，為什麼牠們的腳上只繫著一條小小的鐵鍊，難道牠真的無法掙開那條鐵鍊嗎？」

父親笑了笑，解釋道：「沒錯，大象是掙不開那條細細的鐵鍊。在大象還小的時候，馴獸師就是用同樣的鐵鍊來繫住小象，那時候的小象，力氣還不夠大，小象起初也想掙開鐵鍊的束縛，可是試過幾次之後，知道自己的力氣不足以掙開鐵鍊，也就放棄了掙脫的念頭。等小象長成大象後，牠就甘心受那條鐵鍊的限制，不再想逃脫了。」

正當父親解說之際，馬戲團裡失火了，草料、帳篷等物品都被燒著了，大火迅速蔓延到動物的休息區。動物們受火勢所逼，十分焦躁不安，而大象更是頻頻跺腳，仍是掙不開腳上的鐵鍊。

凶凶猛的火勢最終逼近了大象，其中一隻大象已被大火燒著了，疼痛之餘，牠猛然一抬腳，竟輕易將腳上鐵鍊掙斷，於是迅速奔逃到安全的地帶。有一兩隻大象見同伴掙斷鐵鍊逃脫，立刻也模仿牠的動作，用力掙斷鐵鍊。但其他的大象卻不肯去嘗試，只顧不斷的焦急的轉圈跺腳，最後被大火席捲，無一倖存。

在大象成長的過程中，人類用一條鐵鍊限制了牠，即使那樣的鐵鍊根本繫不住有力的大象，但大象卻從未想到過掙脫。這就是人們在大象的心裡加了一把枷鎖的緣故。而在我們成長的環境中，是否也有許多肉眼看不見的鍊條繫住了我們？而在不知不覺中，我們也就自然將這些鐵鍊當成習慣，視為理所當然。於是本該屬於我們獨特的創意就被自己這些習慣抹掉，並開始向環境低頭，甚至於開始認命、怨天尤人、安於現狀、不思進取。

而這一切的一切都是因為我們心中那條繫住自我的「鐵鍊」在作祟。跟故事中的那些大象一樣，或許，我們必須耐心靜候生命中來一場大火，必須選擇掙斷鏈條或甘心遭大火席捲。如果沒有一場大火的出現，或許我們就安於被鏈條所困住一生。或許，我們幸運的選對了前者，掙斷鏈條獲得重生。除此之外，我們還有一種不同的選擇，那就是當機立斷，運用我們內在的能力，立即掙開消極習慣的捆綁，改變自己所處的環境，投入另一個嶄新的積極領域中，使自己的潛能得以發揮，獲得生命中屬於自己的一片天空。

試問我們自己，是願意靜待生命中的大火，甚至甘心被它所席捲，而低頭認命？還是立即在心靈上掙開環境的束縛，獲得追求成功的自由？其實在這兩者之間做出選擇並不困難，困難的是我們有沒有勇氣去打破已有的格局，擺脫心靈的枷鎖。

如果我們現在覺得自己還沒有打破這些枷鎖，那麼就請看下面的這些枷鎖在自己身上是否存在。然後再對症下藥，給自己的心靈放一把大火。

第一種類型：一直擔心「別人會怎樣想」的心靈枷鎖。

有的時候，當我們想做一件事情的時候，首先想到的不是成功，而是先想到如果失敗了「別人將會怎麼看？」這是一種最普遍而且最具自我毀滅性的心理狀態。這種心態是一種強而有力的枷鎖。它不僅會傷害我們的創造力和人格，還有可能把我們原有的能力破壞殆盡，使我們永遠只停留在原地。

這裡有一種簡單易行的方法，為擺脫這種「別人」式的心靈枷鎖，我們不妨想一想，首先要清楚「別人」並不是「先知先覺」，他們往往都是「事後諸葛」。然後要時刻提醒自己：走自己的路，讓別人去說吧！不要管別人會怎麼去想，怎麼去說。

第二種類型：認為「已為時太晚」的心靈枷鎖。

人的一生要經歷許多的成功與失敗，並不是說成功者就不會失敗，就沒有失敗過，往往是越成功的人，他們所經歷的失敗越多。並且成功沒有時間的先後，只要奔著自己的目標努力，無論成功的大小都會有所回報的。然而，許多失敗者失敗後就覺得再重新拚搏已為時太晚了，無法再創業了，於是對自己的未來完全妥協，逆來順受的熬日子。試想如果一個 30 歲的青年做生意虧了本就自認為無法東山再起；一個 40 歲的寡婦就自認為太老無法再婚；一位 10 年前破產的廠長要想重新開始投資就認為時過境遷。那麼 30 歲就否定了自己的未來，40 歲的心態就變得老態龍鍾，10 年後再投資就覺得時機不在的人，是否真的如他們所認為的那樣就不能成功呢？

為了解除這種「為時太晚」的枷鎖，這裡有一個建議，看看那些社會上的活躍人物，他們不去理會年齡的限制，並下定決心，不斷奮鬥終究會有新成就。所謂「春蠶到死絲方盡，蠟炬成灰淚始乾」，成功與年齡無關，重新開始永遠為時不晚。

第三種類型：背著「過去錯誤」的心靈枷鎖。

有這麼一群人，他們害怕再次嘗試，因為他們曾經失敗過，受創很深，所謂「一朝被蛇咬，十年怕草繩」。但是，對每一位有志之士來說，他都必須對過去所犯的錯誤保持正確的哲學觀，從而使他得以再次突破，再創佳績。如果我們能真正的理解「失敗是成功之母」的話，那我們就不會害怕失敗。而如果我們把失敗看成是成功路上所要學習的一筆財富的話，那麼我們就不會被失敗所打倒。

這種類型的枷鎖的解決方法是，我們完全不必把「過去的錯誤」看得太重。其實那根本不能算作失敗，只能算是受教育，它能教會我們許多事情，使我們更加成熟。

第四種類型：擔心「注定會失敗」的心靈枷鎖。

這是一種非常普遍的心理。一旦失敗，便將自己初始的動機統統的扼殺。他們不斷重複著說：「早知如此，何必當初！」他們因此把自己看得渺小，無法真正透徹的看清自己。

為了擺脫「注定會失敗」的枷鎖，我們不妨保持積極的態度。切莫在不經意中將自己的創新意識拋棄。只要想著「我將要成功」而不是會失敗；「我是一個勝利者」而非「一個失敗者」，擺脫自己的心靈枷鎖，尋找一切能助我們成功的方法，我們會成功的擁有屬於自己的一片天空。

總之，一個人要想獲得成功，早日實現心中的理想，就必須掙脫以上這些束縛心靈的枷鎖。人活著是一種心情！這個世界本來很簡單，是我們把它弄複雜了。接著來的就是痛苦，人之所以痛苦，是由於你沒有按照自己喜歡的方式生活。多數人之所以痛苦，是因為他在按照別人的要求生活，刻意改變，違背內心。

擔負起自己的責任

老一輩的人看到年輕人的另類和叛逆，常常感嘆「一代不如一代」，殊不知他們年輕時的長者也有過這樣的顧慮，歲月的更迭見證了現實，一切擔憂過後看來只不過是「杞人憂天」。古人語：「逝者如斯夫，不捨晝夜。」人生和世界是不斷向前發展的，新的必將取代舊的，青年終究要擔負起歷史的重任，而年輕的我們也要勇於擔當，歷練自己。

我們要歷練自己，對社會，對父母親人，對自身都要勇於擔當，是的，我們要勇敢的說，我們長大了。我們要疾呼，讓暴風雨來得更猛烈些吧！我們要積極上進，努力拚搏，為社會的發展奉獻自己的力量。海倫凱勒（Helen Adams Keller）說：「世間大部分不幸也許都有補救之方，但其中最不幸的無藥可救——那就是人類的冷漠。」懷抱對全人類同情之心，我們就能拒絕平庸，收穫快樂。

人的偉大只在於「人是一根能思想的蘆葦。」我們要思考的，是時刻懷抱熱忱之心，能接受挑戰，有年輕人的使命感和責任感。這樣的自我將告別小我，走向大我。俄國偉大的詩人普希金年輕的時候就選擇為俄國人民而戰鬥，為「被侮辱與被損害」的人們的命運痛苦。為此，他曾遭遇流放，但是即使這樣的磨難，也沒能阻止他的熱忱。在被沙皇囚禁中，他也寫出了《致西伯利亞的兄弟》這樣的詩歌，他選擇與自己的同志站在一起，他的生命後來被剝奪了，但是他得到了永生，不是嗎？他被稱為「俄羅斯民族之父」。而在杜甫的人生裡，我們體會最大的是「文章憎命達」。他仕途無望，困頓顛沛了十年，才得到一個小職位，最後貧病交加而死。在他有限的生命裡，他關心的是「國破山河在，城春草木深」，「朱門酒肉臭，路有凍死骨」。他用自己羸弱的身軀擔負起了拯救這個國家的責任。歡喜悲哀都只為國家和人民。他呼號「安得廣廈千萬間，大庇天下寒士俱歡顏」，這個聲音穿過千年，依然在我們的耳邊迴響。

對我們自己來說，最具體的就是勇於在工作中承擔自己的責任。羅素說過：「不加檢點的是生活，確實不值得一過。」不加檢點，不勇於承擔的生活，確實不值得一過。我們要過自己能夠接受的生活，要勇於提高自己對價值的認識度，積極工作，在工作中展現自己的價值，把工作做出樣子和水準。我們要有競爭的意識，有人曾經說過：「一匹馬如果沒有另一匹馬緊緊追趕並要超過它，就永遠不會疾馳飛奔。」我們如果沒有競爭的意識，凡事就是逃避，只是等待機會的垂青，怎麼會歷練自己，得到進步呢？只有經歷過競爭，得到了勝利的人才有資格享受更加美好的生活。經過競爭的陶冶，在工作和生活中，我們才能得到最大程度的歷練，最終得到成長。我們要擔負起自身的責任，才能有所作為，無悔今生。

做好我們自己

有一篇文章叫〈為你自己高興〉，文中說：「要為你自己高興。你的個子最適合於你，你的相貌為你所獨有，你的身體狀況即使不佳，即使有殘疾那也無礙你內心的自尊與自愛，因為你在誠實的生活，在認真的工作，在賺得你應得的一份，在享受社會應為你提供的那份快樂，在每天晚上問心無愧的安睡，你每天清晨興致勃勃的迎接又一個平凡而充實的日子……」我們不必費盡心力的去追逐那些遙不可及的夢，只是努力的做著自己，努力的生活著，不去比較，不去敷衍，我們願意活在自己的世界裡，為自己努力，為自己鼓掌。

※

有一個女孩，特別普通，她的學業成績很一般，父母就著急了。希望她能努力，學業成績突出，各方面表現良好。但是女孩還是沒有什麼改變。後來有一次學校去露營，女孩一個人努力的為大家準備炊具，收拾東西，默默的為別人做著陪襯，而別的孩子只是沉浸在自己的世界裡。他們有的為自己的成績驕傲，不屑於做這些事；有的是沒有這樣的能力，只能縮在自己的角落裡。只有女孩支撐起了這次野營。在學校裡，同學們也都誇獎女孩善解人意，誇獎女孩懂得照顧人，幫助人。女孩說：「我願意做個為英雄鼓掌的人。」是的，這是真實的自己，父母這時候終於看清楚，想明白了。為什麼要讓自己的孩子成為跟別人一樣的人呢？

她就是自己啊！作為英雄鼓掌的人。也許我們就是普通人一個，但是我們接受自己，做最好的自己。這樣才能快樂，才能美好。人生很大，世界很大，每個人不可能都是偉人，很多的時候，我們只是大千世界中的一顆微塵，我們微不足道，但是我們為自己高興。

英格蘭北部的那個幽靜的小鎮上，曾經誕生了影響全世界的布蘭德姐妹，夏洛蒂（Charlotte）寫出了《簡愛》，艾蜜莉（Emily）寫出了《咆哮山莊》。很多的文學家都在比較，都在尋找著她們的異同。顯然，同是肯定的，她們都有同一個父母親，但是兩人的作品的差別是巨大的。《簡愛》中的世界是屬於夏洛蒂自己的，她是一個自我中心的作家，她把自己的全部能力熔鑄在作品中，我們能在簡愛中看到的都是「我愛」，「我恨」，「我受苦」的斷言。艾蜜莉的《咆哮山莊》不同，那裡面描寫的是世界和人生。不僅僅是「我愛」，「我恨」，而是「我們——整個人類」。艾蜜莉對人生和人性、世界有自己獨到的看法，這跟夏洛蒂的自己的世界是完全不同的。兩個人一個看到的是自我，一個看到的是世界和人生。但是她們的這兩部作品都是世界文學寶庫中的經典。我們明白，夏洛蒂不可能成為艾蜜莉，艾蜜莉也同樣不可能成為夏洛蒂。她們只是做著自己，為自己的內心書寫，從她們各自的作品中我們能窺見他們自己的影子，他們自己的世界觀、價值觀，這些都是獨特的，沒人能夠奪取的。

哈樂德·斯·庫辛曾在《你不必完美》中這樣說過：我們當然應該努力做到最好，但人是無法要求完美的。有時候，也許正是失去，才令我們完整。有時候，一個完美的人，是一個可憐的人，他永遠無法體會有所追求，有所希冀的感覺。我們接受自己，接受自己的不完美，我們會勇敢的去愛，去感受，我們的人生體驗只屬於我們自己。

其實從人生的另外一個角度看，人生活著都是不容易的。大家看，名人尚且有如此多的煩惱，何況我們普通人呢？我們要勇於接受自己，為自己的存在而高興，漫長的人生留給我們的都是真切的人生感受，這對每個人都相同。我們為自己高興，接受現在的自己，同時努力的成長。

我們可以在與別人的交往中得到成長，我們可以在文學作品中汲取能量，我們可以透過努力得到我們想要的東西。但是要明白自己是獨特的，我們沒必要費力的做別人。別人就是別人不是我們自己，明星再好也不能代替我們自己，我們要獨立的、自覺的、奮力的用我們自己的腦袋，我們自己的聲音來感觸這個美麗無比的世界。做好我們自己，為自己開心吧，這樣的人生才能活出自己的滋味，昭示出自己的獨特，在自己的眼中看世界，世界才會那樣明快，那樣不同。

幸福無所不在

什麼是幸福？古往今來沒有一個確切的定義。這些看似極其簡單的問題，卻一直困擾著我們一代又一代人。如果現在就拿這個問題來問你，你也可能一下子回答不上來。

對我們說來，幸福就是把自己的工作做好，又能擁有輕鬆休憩的時候。

幸福是擁有一些熟悉、不需客套的朋友，能夠相互分擔、分享彼此的煩惱、快樂。儘管觀點有所差異，卻永遠相互尊重。

幸福是擁有一個舒適的工作間，書架上列滿了各式各樣自己所喜歡、對自己有助益、啟發的書，筆筒裡都是自己所珍愛的文具，四周有綠色植物芳馨圍繞，還有一把坐再久都能覺得舒適的座椅。

幸福是冬天泡個熱水澡，夏天與家人一起分享冰鎮西瓜。

幸福是愛人的光芒，是親人的囑託，是自我滿足的笑容。

幸福是擁有相互了解的人生伴侶，擁有身心的平和與寧靜，不管境況是順是逆，都能知足常樂、惜福感恩。

幸福無所不在

幸福是自覺到每天在人生的各個方面都有所成長，享有一種更具成果與創造性的生活。

幸福是與過去和睦相處，將目光對準現在，對未來保持樂觀。幸福是當我們對自己及周圍環境或人生目的感到滿足、和諧的一種狀態。人生的幸福大多是主觀的，因而，幸福無所不在。

對於一個飢腸轆轆的人來說，這時候最大的幸福就是大吃一頓；對於一個在寒風中瑟瑟發抖的流浪者，這時候能有一間不需要多大地方的生著火爐的家，就是他最大的幸福。

關於幸福的概念如何界定，很難有一個準確的說法。他可能說，我要是有很多很多錢，我就會很幸福。這是因為他沒有很多的錢，真有了很多的錢，他肯定就不會這麼說了，別忘了石油大王也有石油大王的煩惱。他可能又會說，我要是握有很大的權力，我就會很幸福。這也是因為他目前手中沒有很大的權力，如果他位及人臣，讓他煩惱的事情可能比現在更多。

幸福說到底是一種心態。一個才子有好飯吃、好衣穿、好書讀，農夫可能覺得才子怪幸福的，可才子不這麼想，他覺著尚需「紅袖添香」他才幸福。反過來說，一個農夫打著赤膊躺在麥草堆裡呼呼大睡，才子可能覺著他挺可憐的，可農夫不這麼想，他覺得能在此呼呼大睡晒著太陽，說明他衣食無憂妻賢子孝，這能算是可憐嗎？這就是因為才子和農夫不同的境遇和生活條件使他們有了不同的心態。

※

一匹可敬的老馬失去了老伴，身邊只有唯一的兒子和自己在一起生活。老馬十分疼愛兒子，把他帶到一片草地上去撫養，那裡有流水，有花卉，還有誘人的綠蔭。總之，那裡具有幸福生活所需的一切。

但小馬駒根本不把這種幸福的生活放在眼裡，每天濫啃三葉草，在鮮花遍地的原野上浪費時光，毫無目的地東奔西跑，沒有必要的沐浴洗澡，沒感到疲勞就睡大覺。

這匹又懶又胖的小馬駒對這樣的生活逐漸厭煩了，對這片美麗的草地也產生了反感。牠找到父親，對牠說：「近來我的身體不舒服。這片草地不乾淨，傷害了我；這些三葉草沒有香味；這裡的水中帶有泥沙；我們在這裡呼吸的空氣刺激了我的肺。一句話，除非我們離開這裡，不然我就要死了。」

「我親愛的兒子，既然這有關你的生命，」牠的父親答道，「那我們就馬上離開這裡。」說完父子倆立刻出發去尋找一個新的家。

小馬駒聽說出去旅行，高興得嘶叫起來，而老馬卻不那麼快樂，只是安詳的走著，在前面領路。牠讓孩子爬上陡峭而荒蕪的高山，那山上沒有牧草，就連可以充飢的東西也沒有。天快黑了，仍然沒有牧草，父子倆只好空著肚子躺下睡覺。

第二天，牠們幾乎餓得筋疲力盡了，只吃到了一些長不高而且是帶刺的灌木叢，但牠們心裡已十分滿意。現在小馬駒不再奔跑了。又過了兩天，牠幾乎邁了前腿就拖不動後腿了。老馬心想，現在給牠的教訓已經足夠了，就趁黑把兒子偷偷帶回原來的草地。馬駒一發現嫩草，就急忙的去吃。

「啊！這是多麼絕妙的美味啊！多麼好的綠草呀！」小馬駒高興的跳了起來，「哪裡來的這麼甜這麼嫩的東西？父親，我們不要再往前去找了，也別回老家去了 —— 讓我們永遠留在這個可愛的地方吧！我們就在這裡安家吧！哪個地方能跟這裡相比呀！」

小馬駒這樣說，而牠的父親也答應了牠的請求。天亮了，小馬駒突然認出了這個地方原來就是幾天前牠離開的那片草地。牠垂下了眼睛，非常羞愧。

※

其實說起來，幸福也很簡單。每一個人都可以透過改變思想去改變自己的情緒和行為，從而改變人生，得到幸福。

心理學家指出，每個人都具備使自己幸福的資源，像謙虛、合作精神、積極的態度，還有愛心，這些特質幾乎都可以在每個人的身上找到，只是許多人沒有把這些「幸福的資源」運用好而已。

每個人都可以透過改變思想去改變自己的情緒和行為，從而改變人生。我們每天遇到的事物，都包含成功快樂的因素，取捨全由我們自己決定。因為所有事情和經驗裡面，正面和負面的意義同時存在，把事情和經驗轉為絆腳石或者是踏腳石，由我們自己決定。幸福的人所擁有的思想和行為能力，都是經過一個過程培養出來的。在開始的時候，他們與其他人所具備的條件是一樣的。情緒、壓力或困擾都不是源自外界的人、事、物，而是由自己內心的信念和價值觀產生出來的。有「能力」給自己製造出困擾的人，當然也有能力替自己消除困擾。

幸福的祕密就藏在我們的心中，只要相信自己有足夠的能力打敗糟糕的情緒，就能找到開啟幸福之門的金鑰匙。

幽默的面對自己的生活

一位教授到餐廳就餐，發現啤酒杯中有一隻蒼蠅，於是他對侍者說：「以後請將啤酒和蒼蠅分別置放，由喜歡蒼蠅的客人自己將蒼蠅放在啤酒裡，你覺得怎麼樣？」教授的幽默除去了常人的不快和惱怒，使生活變得輕快寬鬆。

一位年輕的士兵在宴會上斟酒時，不慎將酒潑到一位將軍的禿頭上，頓時，士兵悚然，全場寂靜，這位將軍卻悠悠然，他輕撫士兵的肩頭，說：「兄弟，你認為這種治療有用嗎？」會場立即爆發出笑聲，人們繃緊了的心弦鬆弛了下來。

如此可見，幽默是一種生活中不可或缺的緩解緊張狀況的輕鬆劑。知道運用它的人可以將事情變得簡單一些、快樂一些。

※

多年以前，呂朋特在一所晚期病人收容所報名參加了一項訓練計畫，準備為這類病人服務。

他去探望一位76歲、癌症已擴散全身的老先生。他名叫羅艾，看起來像具骷髏，但棕色的眼睛仍然明亮。第一次見面時他開玩笑說：「好極了，終於有個人頭頂禿得像我一樣了。我們一定能談得來。」

不過，探望他幾次之後，他就開始抱怨呂朋特的「態度」，說呂朋特從不在他講笑話後發笑。那倒是真的。呂朋特自小就覺察到人生有時是冷酷、痛苦、變幻無定的，他很難放鬆心情，甚至很難相信他應該放鬆心情。因此，他大部分時間是躲在一個虛假的笑容後面度過的。

一天下午，羅艾和呂朋特單獨在一起。呂朋特扶羅艾入浴室回來時，發現羅艾疼痛得苦著臉。「醫生很快就會來，」他設法分散他的心情，「你想我幫你脫掉這些『米老鼠』睡衣褲，換上一套比較莊重的嗎？」

「我喜歡這些睡衣褲，」他低聲說，「米老鼠提醒我，讓我知道我還能笑一笑。那要比醫生做的任何事情都更好。也許你應該找一套上面有『高飛狗』的睡衣來穿。」羅艾哈哈大笑，呂朋特沒有笑。

「年輕人，」他繼續說，「我從來沒見過像你這樣令人生氣的人。我相信你是好人，但如果你到這裡來的目的是想幫助別人，這樣子是不行的。」

這使呂朋特既生氣又傷心，而且，老實說，是有點害怕。那次交談以後，他停止幫助羅艾，並且敷衍了事的完成了那個訓練計畫。在結業那天，他得知羅艾去世了。他去世前託人帶給他一個紙袋。紙袋裡是一件印了迪士尼「高飛狗」笑臉的圓領運動衫。附在運動衫上的便條是：你一覺得心情沉重，請立刻穿上這件運動衫。換句話說，隨時隨地穿上它。贈送人是羅艾。

呂朋特終於哈哈大笑了。在那一刻，他終於體會到羅艾一直在設法告訴他一件事：幽默不只是偶爾開個玩笑而已，它是基本的求生工具，也是他生活中急切需要的工具。大家都需要多點笑，少點擔憂，不要把自己的不如意事，甚至是痛苦事，看得那麼嚴重。幽默可以消除家庭裡的緊張或業務上的危機，可以令人躺在醫院病床上時好過些，可以使人站在擁擠的電梯裡或付款櫃檯前的長龍裡時不覺得難受。

過去這些年裡，呂朋特見過許多人利用幽默來幫助自己面對艱難困苦的境況，這些人一部分是他的朋友，一部分是和他在業務上有來往的人或收容所裡的晚期病人。他們使用的技巧是任何人都能學會的。

※

余光中說：「一個真正幽默的心靈，必定是富足，寬厚，開放，而且圓通的。反過來，一個真正幽默的心靈，也絕不會固執己見，一味鑽牛角尖，或是強詞奪理，厲聲疾言。」可見，幽默是一種人生境界，幽默的存在是一種人類本身自有的心智的展現，真正的幽默者，必定有高於他人的才智。我們要對自己的生命負責，就要做一個瀟灑從容，幽默大度的人。

眾所周知，林肯總統的相貌醜陋，但是他能面對自己，勇敢自信。有一次，一位女士見了他直言不諱的說：「你是我所見過的最醜陋的男人。」沒想到，林肯總統沒發怒回答道：「請原諒女士，我也是身不由己！」這讓在場的人忍俊不禁，同時也讓人覺得林肯總統是多麼的風趣自信！而英國文豪蕭伯納是個瘦子，這是盡人皆知的。一天，他遇到一個有錢的胖資本家，資本家譏笑的對蕭伯納說：「蕭伯納先生，看到您，我確實知道世界還存在鬧飢荒的現象。」蕭伯納也笑著回答：「而我一見到您，便知道世界鬧飢荒的原因。」

他們的幽默中充斥著的是智慧和自信，他們從這樣的自信中得到的是快樂和放鬆。

我們要將人生的煩惱拋開。很多時候，如果我們能幽默的面對自己的生活，人生必將不同。如今，人們的生活、工作節奏加快，每天神經繃得很緊，如果下班回家，朋友相處，來上一兩句幽默，或說件愉快的見聞，疲勞和煩惱就會煙消雲散，人便感到一身輕鬆。幽默屬於熱愛生活、奮發向上、充滿自信的人。生活需要幽默，如同需要春風、需要時雨、需要甜蜜、需要笑臉一樣。人與人之間有了幽默就不至於生澀，而且常常可以使感情昇華。所以嘗試著讓我們的生活中少一點驕陽炙人的訓誡，多一點春風宜人的幽默吧！

迎接生命中的每一扇門

每一個人的生命其實都是神祕未知的，因為今天不可能清楚明天會發生什麼。阿甘說：「生活的有趣之處，在於勇於不知道下一塊巧克力是什麼。」但是有時正因為不可測，所以我們難免會產生恐懼心理。人生其實就是要開門和關門的過程。莫利（Molly）在《門》中寫道：「沒有人知道，當他打開一扇門時，有什麼在等待著他，即使那是熟悉的屋子。」這種對明天的不確定性，其實正好說明了人生的獨立。人生中要無數次的面對開門和關門，每一扇門裡，可能都有我們意想不到的奧妙。我們要懂得關閉過往的門，因為時光不可能倒流，人生只能勇往直前。我們要用希望和虔誠去開啟未來人生的前門。我們要迎接生命中的每一扇門，去贏得勝利，不懼前行。

年輕的我們「長風破浪會有時，直掛雲帆濟滄海」，我們渴望迎接未來的生命之門，希望去探求那門裡的隱祕。當我們抓住了門的把手，我們心中閃現無數的念頭，也會有各種各樣的複雜情緒，到底應該怎麼樣去開啟這扇門呢？也許是我們的機遇之門，我們要用智慧；也許是愛情之門，我們要懂得付出；也許是成長之門，我們要懂得面對；也許會遭遇失敗之門，我們會淚水滂沱。怎麼去開啟，是一門學問，我們要懷著謙遜而陳懇的心，我們要懷著容忍而向善的心去開啟這一扇扇門。

迎接前方的一扇扇門，我們要懷著「黎明的感覺」。梭羅(Thoreau) 在瓦爾登湖畔，提出了「黎明的感覺」這一概念，它的意思是每天睡一覺醒來，這就意味著一段生命已經過去，一切重新開始。每天的清晨，當生命之門又一次打開，我們要懷著孩童面對世界般的驚喜，去看看這個世界，這就像是新生的嬰兒面對塵世一樣，用新奇的心去迎接這一扇扇門。人要打好一個光明的底子。迎接前方的門，我們要在進去那門之後積極的去探險，帶著好奇心去學習，走進這人生的課堂。唯有這樣，打好了光明的底子，那又要被我們開啟的門裡，才會有我們所需要的成功喜悅。

對前方的門，我們要懷著期待的心態。我們不能消極的去對待。悲觀的人可能永遠悲觀的認為那門裡沒有什麼，因為他的心已經死了，不願意去體驗和接受。但是年輕的我們不能如此，未來是值得憧憬的，我們期待它比過去好，相信「我的未來不是夢」，勇敢的過每一分鐘。門裡可能會有冷漠和茫然，但是同時也有希冀和成就。人生真的就是一塊巧克力，當我們準備用全部的心去迎接那苦難時，它總是會沁出那麼一點點甜。為了這一點點甜，也為了經歷那人生的八九分不如意，我們還是要迎接前方。

一扇門的關閉意味著一個結束。在開門之後，我們要記得及時關門。因為關門了，就是關閉了過往，不管那過往到底有怎樣的欣喜抑或是有怎樣的悲痛，也不管那過往有怎樣的成功抑或有怎樣的失敗。有時候我們會猛烈的關門，特別是當感情受到了創傷，或者遭遇了我們所不知的失敗。這樣的關門動作顯現著悲傷，但同時也能給予我們前行的力量，忘記過去，何嘗不是一種進步呢？

古今的偉人們，都懂得及時關閉自己的門，不管那門裡曾經有過輝煌還是失敗，那是已經經歷的過去。他們懂得用謙遜的心態面對前方，而不回望過去。牛頓（Sir Isaac Newton）說：如果說我有什麼成就的話，那是因為我站在巨人的肩膀上。正是懷著這樣的一種謙遜和認真，他才能在科學上不斷前行。有時候，那被關閉的可能是錯誤之門，愛迪生的發明 1,000 次才成功，他懂得關閉過往，積極向前。

我們以勇敢開啟的姿態去迎接前方，要勇敢的去面對自己的人生。逃避者永遠不可能進步，只要正視自我，勇於反省，生命中即將要開啟的那一扇扇門裡才會有陽光照射。姚明說過，很多人總是抱著「不求有功，但求無過」的心態生活，他們拒絕失敗，小心謹慎。但是很多時候，我們的人生必將遭遇失敗，我們為此必須做出改變，這是人生的真相。我們拒絕中庸，走自己的路，關閉過往的門，卻前方的門裡迎接挑戰，才會有目標近在咫尺的那一天。我們要像一首《無題》詩中所寫的：「前有古人，後又來者，我站在歷史的大路當中。看前人靈魂清晰，看後人身影朦朧。我一步一個腳印，寫著自己的人生。」生命是一種使命，我們要把他「一步一個腳印」的走下去。

有時候，我們也會關閉自己的心門。關閉就意味著拒絕。拒絕外界的探入，拒絕那些好奇或者關切，我們在門內肆意的悲傷或者狂喜，我們絕對不願開啟那人生之門，在關著的門裡，我們沉浸在自己的世界，這是一種孤寂的美。但是長時間的關閉，對自己的健康不利，因為人是社會之人，沒有與外界的交流，壓抑孤寂的心靈可能就會荒蕪。試想，連漂流中的魯賓遜都需要一個星期五，何況年輕的我們呢？

每天給自己一個希望

希望就像一個燈塔，在人生的道路上潛移默化的指引著我們向前走去，因此，只要心中有希望，人生的坎坷和曲折就會變得不再可怕。

自從我們誕生到世上的那一刻起，不管願不願意，一生中將要經歷許多的挫折和磨難已成了不爭的事實。此時我們可以選擇退縮，也可以選擇一往直前。只是不論我們退縮或前進坎坷的道路已經踩在了我們的腳下，畏縮不前，坎坷、泥濘永遠在腳下，如果在希望的指引下邁出步伐，前面可能是一片陽光。

如果我們是一個聰明的人，最好的做法應該是，審視自己目前所受的挫折甚至失敗，使挫折成為成功的階梯，從此出發，重建自信，重新加入生活的戰鬥。

※

幾年前，美國財政部長阿濟．泰勒．摩爾頓，準備對南卡羅萊納州一個學院的學生發表演說。這個學院規模不大，整個禮堂坐滿學生，他們為有機會聆聽一個大人物的演說而興奮不已。

演講開始，阿濟．泰勒．摩爾頓走到麥克風前，掃視了一遍聽眾，說：「我的生母是聾啞人，因此沒有辦法說話；我不知道自己的父親是誰，也不知道他是否還在人間。對我來說，生活陷入艱難之中，而我這輩子的第一份工作，是到棉花田去做事。」

臺下一片寂靜，聽眾顯然都驚呆了。

「如果情況不如人意，我們總可以想辦法加以改變。」她繼續說，「一個人的未來怎麼樣，不是因為運氣，不是因為環境，也不是因為生下來的狀況。」她重複著方才說過的話，「如果情況不如人意，我們總可以想辦法加以改變。」

「一個人若想改變眼前充滿不幸或無法盡如人意的情況，那他只要回答這樣一個簡單的問題：『我希望情況變成什麼樣？』確定你的希望，然後就全身心投入，採取行動，朝著你的理想目標前進即可」。

阿濟．泰勒．摩爾頓的故事給我們的啟發是：只要我們心中有希望，成功的彼岸就不會再遙遠，它能指引著我們認清自己的方向並走出一個成功的人生。

※

一位彈奏三弦琴的盲人，渴望能夠在他有生之年看看這個世界，但是遍訪名醫，都說沒有辦法。

有一日，這位民間藝人碰見一個道士，這位道士對他說：「我給你一個保證治好眼睛的藥方，不過，你得彈斷一千根弦，才可以打開這張紙條。在這之前，是不能生效的。」

於是這位琴師帶了一位也是雙目失明的小徒弟游走四方，盡心盡意的以彈唱為生。

一年又一年過去了，在他彈斷了第一千根弦的時候，這位民間藝人急不可待的將那張永遠藏在懷裡的藥方拿了出來，請明眼的人代他看看上面寫著的是什麼藥材，好治他的眼睛。

明眼人接過紙條來一看，說：「這是一張白紙嘛，並沒有寫一個字。」

那位琴師聽了，潸然淚下，突然明白了道士那「一千根弦」背後的意義。就為著這一個「希望」，支持他盡情的彈下去，而匆匆 53 年就如此活了下來。

這位盲眼的老藝人，沒有把這故事的真相告訴他的徒兒，他將這張白紙慎重的交給同樣渴望能夠看見光明的弟子，對他說：「我這裡有一張保證治好你眼睛的藥方，不過你得彈斷一千根弦才能打開這張紙。現在你可以去收徒弟了，去吧，去遊走四方，盡情的彈唱，直到那一千根琴弦斷光，就會有答案。」

留住希望之弦，盡情彈唱。昨天是痛苦的夢，而明天卻是充滿希望的憧憬。在困境中如果我們認為自己真的失敗了，那麼我們就會躺下來的，如果我們對自己說「一定要堅持」，那麼我們就會走過險途獲得勝利。

※

有一位孤苦伶仃的老奶奶，在她 26 歲的時候，丈夫外出做生意，卻一去不返，是死在了亂軍之中，還是病死在外，還是像有人傳說的被人在外面招了養老女婿，都不得而知。當時，她唯一的兒子只有 5 歲。

丈夫不見蹤影幾年以後，村裡人都勸她改嫁。沒有了男人，孩子又小，這寡守到什麼時候是個頭？她沒有走。她說，丈夫生死不明，也許在很遠的地方做了大生意，說不定哪一天發了大財就回來了。她被這個念頭支撐著，帶著兒子頑強的生活著。她甚至把家裡整理得更加井井有條。她想，假如丈夫發了大財回來，不能讓他覺得家裡這麼窩囊寒酸。

十幾年過去了，在她的兒子 17 歲的那一年，一支部隊從村裡經過，她的兒子跟部隊走了。兒子說，他到外面去尋找父親。

不料兒子走後也是音信全無。有人告訴她說兒子在一次戰役中戰死了，她不信，一個大活人怎麼能說死就死呢？她甚至想，兒子不僅沒有死，而是做了軍官了，等打完仗，天下太平了，就會衣錦還鄉。她還想，也許兒子已經娶了老婆，給她生了孫子，回來的時候是一家子人了。

儘管兒子依然查無音信，但這個想像給了她無窮的希望。她是一個小腳女人，不能下田種地，她就做繡花線的小生意，勤奮的奔走四鄉，累積錢財。她告訴人們，她要賺些錢把房子改建了，等丈夫和兒子回來的時候住。

有一年她得了大病，醫生已經判她死刑，但她最後竟奇蹟般活了過來，她說，她不能死，她死了，兒子回來到哪裡找家呢？

這樣說著的時候，她那布滿皺褶的滄桑的臉上，即刻變成像繡花線一般絢爛多彩的花朵。

希望還是一劑良藥，它能慰藉孤獨的靈魂，去勇敢的接受已經殘缺不全的人生。希望是永恆的喜悅。它就像人們擁有的土地，年年有收益，是用不盡的、最牢靠的財產。希望，如同埋在土地裡的種子；希望，深藏在趕路者的心中；希望，是人們對人生的渴望，對美好未來的嚮往。

其實，苦難並不可怕，可怕的是面對苦難失去希望，失去應有的鬥志，站在苦難面前萎靡不振，趴下去後再也不想爬起來。但是，我們如果對這些困難無所畏懼，積極的朝著希望前行，逆境反而可以成為動力，帶我們駛向理想的目標。

在我們的一生中，會遇到無數個枷鎖，包括外界的，內心的，但無論是哪一種，只要我們保持健康、積極、樂觀的心態去面對它，就無所謂枷鎖，無所謂困難，終究會打造出自己的一片天空。

幸福是培養出來的

在我們的生活中，為什麼有的人很幸福，而有的人卻很痛苦呢？有的人即使大富大貴了，別人看他很幸福，可是他自己卻身在福中不知福，心裡老覺得不快樂；有的人，別人看他離幸福很遠，但他自己卻時時與快樂邂逅。這其中的根本原因就在於一個人是否具有積極的心態。

※

有一對職工離職後，在早市上擺個小攤，靠微薄的收入維持全家人的生活。他們沒有了從前讓人羨慕的工作，也沒有了叫人衣食無憂的薪資、獎金，但他們依然生活得很幸福。

夫妻倆過去愛跳舞，現在沒錢進舞廳，就在自家屋子裡打開收錄機閒晃。男的喜歡釣魚，女的喜歡養花。離職後，依然能看到男的扛著魚竿去釣魚，他們家陽臺上的花兒依舊鮮豔奪目。

他倆失業了，收入減少了許多，還樂個不停，鄰居們都用驚異的目光看著他倆。

一天，記者去採訪，男的說：「我們雖然無法改變目前的境況，但我們可以控制自己的心態，雖然離職了，但生活是否幸福還是由我們自己說了算的。」女的說：「我們沒有了工作，再不能沒有快樂，如果連快樂都丟了，那還有什麼意義。」

是的，幸福與否完全取決於我們的心態，我們想幸福，我們隨時都可以幸福，沒有誰能夠阻攔得了我們。

人生的幸福在哪裡？代表了一代人夢想的拿破崙，得到了世界上絕大多數人渴望擁有的榮譽、權力、金錢、美色，但他卻說:「我這一生從來沒有過一天幸福的日子。」海倫凱勒又聾、又瞎、又啞，可是她卻說：「生活是這麼美好。」

可見人的幸福與否完全是由自己的心態決定的！

心理學理論告訴我們：人以為自己處於某種狀態他就自覺不自覺的順從於這種狀態，這種狀態就會越更加明顯。

比如有些小孩本來不難過，但一哭起來，卻越哭越傷心，就是這個道理。

當我們認為自己很可憐很不幸，讓痛苦爬滿額頭，我們的生活就會真的很痛苦；如果我們相信自己很快樂很幸福，並且快樂幸福的去生活，那麼我們的生活也就真的會很快樂、很幸福。幸福的源泉就在我們心中，它取之不盡，用之不竭。

Chapter7　尋找生命的價值

期望獲得幸福者應採取積極的心態，這樣幸福就會被吸引到他們身邊。而那些態度消極的人不僅不會吸引幸福，相反還會排斥幸福，當幸福悄然降臨到他們身邊時，他們可能毫無覺察，絲毫體會不到幸福的感覺。

那麼，如何培養幸福的心態呢？

1. 讓快樂成為一種習慣

人們之所以會製造自己的不幸，多半是自己心中存有習慣性的不幸想法所致。例如總是認為一切事情都糟透，別人擁有非分之財，我卻沒有得到應得的報酬等等消極的情緒。此外，不幸的想法往往會把一切怨恨、頹喪或憎惡的情緒深深刻畫在心底，於是感覺不幸變得越加沉重。而當喜訊降臨時，他們會說：「這樣快樂是不對的。」因為他們已經十分習慣往日的憂鬱與悲傷，反而不習慣幸福與快樂的心情。他們依然沉湎在以前那些沮喪、悲傷及不愉快的心境。墨菲博士指出：「如果你希望幸福快樂，重點在於你必須真誠的渴望幸福快樂。」

有一名農夫似乎時時刻刻都在唱歌、吹口哨，並且充滿幽默感。有人問他，他的快樂祕訣究竟是什麼，他的回答是這樣的：「快快樂樂，是我的習慣。」

我們敢說，這位農夫同大多數人並沒有太大的不同，只是他使快樂成為了一種習慣，而感覺不到幸福之人的習慣卻是無休無止的抱怨。

因此，如果我們想獲得幸福，首先要養成幸福的習慣。在內心微笑，並使這種感覺成為自己的一部分。同時為自己創造一個幸福世界，盼望著每一天的到來。即使有時烏雲會遮住了陽光，那也是暫時性的，不久仍然還會晴空萬里。當問題來臨時，與其坐在那冥思苦想，怨天怨地，不如煥發精神一面吹著口哨，一面尋求解決問題的方法。

養成快樂的習慣，還要學會開懷大笑。有太多的人已經忘掉如何開懷大笑，有時甚至忘了以前是否這樣笑過。

開懷大笑能給人以輕鬆自在的感覺。真正的開懷大笑，能洗滌我們心中的雜念。它是成功本能的一部分，能夠使我們迅速接近生活中的勝利。

有時候，當我們對某件失敗的事情感到沮喪時，不妨想想過去的成就，以及發生在別人身上的一些有趣的事，再把頭往後仰起 —— 不要害怕 —— 然後哈哈大笑，把我們的全部感情投入笑聲中，或許你會覺得好過些。

2. 心中想到幸福眼前就會充滿幸福

金錢是好東西，但金錢並不能買到幸福，沒有錢的我們一樣可以獲得快樂。

在我們這個不完美的世界裡，也有很多美好的事物，關鍵是我們要用尋求滿足的眼光去看。

史蒂文生（George Stephenson）在詩中寫到：「這個世界多彩多姿，我深信，我們應該快樂如君王。」

每一個人都可以做快樂的君王，但是在通往幸福的道路上不可能是一帆風順的，阻礙是一定會有的。如果我們要抱怨的話，我們應該想想自己有沒有資格去抱怨。我想這個世界上最有資格抱怨的應當是海倫凱勒了。她一生下來便是聾、啞、盲人，世上所有的不幸似乎全都降臨到她一個人的身上，她失去了與周圍人進行正常交際的能力，只有她的觸覺幫助她把手伸向別人，體驗愛與被愛的幸福。但是她卻說：「這個世界真美好。」

有人說孩子是幸福的專家，成年人每每羨慕他們的天真無邪，無憂無慮。那麼，我們成年人為什麼不能像孩子那樣，雖然無法天真，但卻可以選擇無邪、無憂、無慮，如果我們能學會孩子這種特有的幸福精神，我們的精神就不會衰老、遲鈍或疲倦，我們就會永保幸福。

3. 消除悲觀消極的思想

如果有一群蚊子闖入家中，我們肯定想盡辦法驅除牠們，絕對不會同意牠們與你同住，吸我們的血，騷擾我們的安寧。消極思想如悲觀、恐懼、憂慮、憎恨等虛幻的心理就如同蚊子一樣，必須從大腦中驅除，才會感到舒適、幸福。就像人可以透過美容手術來獲得外表的美麗一樣，人也可以用樂觀積極的思想取代頭腦中的憂慮、恐懼、憎恨等悲觀消極的思想，以獲得幸福的人生。

美國前任總統艾森豪每遇壓力，就以打高爾夫球來鬆弛緊張的情緒。

著名畫家摩西婆婆（Grandma Moses）活了一百多歲，她在八十多歲時才決定以繪畫作為消遣。

消除悲觀消極的思想，不妨從以下幾方面做做：

做事可以令我們感到快樂——只要我們選擇自己喜歡的活動，並且不是為了獲取別人的稱讚才這樣做。沒有人能夠告訴我們做什麼，只有我們自己喜歡什麼就做什麼。

不要讓不實際的憂慮侵蝕了我們。當消極思想侵入我們腦中時，即刻向它們宣戰。問問我們自己，為什麼擁有天賦幸福權利的我們，卻必須在清醒時刻受到恐懼、憂慮與怨恨的苦惱。向這些狡詐的邪惡思想宣戰，並要戰勝它們。

強化我們的自我心態，想像自己正處於最佳的狀態中，並對自己稍加讚賞。同時想想我們以前的快樂時光與引以自豪之處。幻想將來愉快的經驗，重視我們自己。這些對於消除悲觀消極的思想都有一定的作用。

如果我們希望生活得幸福快樂，首先要真誠的渴望幸福快樂，就這麼簡單。

你是一個感性的人嗎？

■ 測驗攻略

測驗意義：★★★

準確指數：★★

測驗時間：15 分鐘

■ 測驗情景

感性就是憑著自己的感覺來做事，凡是只要感覺對了就行。不管有沒有事實根據，你都會按照自己的想法去做，可有時候也能讓你喪失原則。你感性的指數有多高呢？

■ 測驗問答

1. 發現情人愛上自己最好的朋友，會和情人分手並和好朋友斷交嗎？

   A. 是→轉第 2 題　B. 否→轉第 3 題

2. 在友誼之中，你無法忍受朋友欺騙你勝過不理你？

   A. 是→轉第 4 題　B. 否→轉第 8 題

3. 以一般男人的觀點，你覺得女人性感一些，比較容易受到男人的歡迎嗎？

   A. 是→轉第 4 題　B. 否→轉第 5 題

4. 如果你愛上一個不該愛的人，你會冒著眾叛親離的下場，為愛走天涯嗎？

   A. 是→轉第 7 題　B. 否→轉第 10 題

5. 你曾經以貌取人過嗎？

   A. 是→轉第 7 題　B. 否→轉第 6 題

6. 當你有 1,000 元可以花費的時候，你會選擇做哪一件事？

   A. 逛街血拼→轉第 9 題　B. 吃遍美食→轉第 13 題

7. 你喜歡住的房子是？

   A. 大坪數的公寓→轉第 8 題

   B. 有庭院的小房子→轉第 13 題

8. 當你和死黨同時喜歡上一個異性，而且死黨還不知道你也喜歡對方，你會怎麼處理？

   A. 公平競爭→轉第 12 題　B. 自動放棄→轉第 14 題

9. 看到一幅讓你回憶起什麼事情的畫面，會覺得很感動嗎？

   A. 是→轉第 15 題　B. 否→ D 型

10. 情人跟你說哪一句話，會讓你感動得願意為對方做任何事？

    A. 你是我的最愛，我永遠都不會變心→轉第 11 題

    B. 我願意為你而死→轉第 8 題

11. 你喜歡哪一種天氣？

    A. 晴天→ A 型　B. 雨天→ B 型

12. 你喜歡哪一種動物？
A. 貓頭鷹→ A 型　B. 黃金鼠→轉第 11 題

13. 當你迷路了，眼前有一位老紳士和一位老婆婆，你會向哪一位問路？
A. 老婆婆→轉第 15 題　B. 老紳士→轉第 14 題

14. 你喜歡去哪一種類型的國家旅行？
A. 現代文明→ B 型　B. 歷史古蹟→ C 型

15. 你覺得自己是一個童心未泯的人嗎？
A. 是→ C 型　B. 否→ D 型

■ 測驗解析

A 型：感性指數 0，屬於鐵面無私的包青天。

在你的心中有一把理性的尺，不管遇到什麼人、什麼事，你都會用這把尺來衡量，即使是你的家人、情人或好友，也逃不過這種嚴格的檢視。你喜歡公平、公正、公開，無論是好事或壞事都不會隱藏，對於講求的「情、理、法」，你很不以為然，因為你是「法、理、情」的擁護者。你的理性讓你在人群之中具有權威性，可以得到大家的肯定和信任，不過似乎也容易讓人有喘不過氣來的感覺。

B 型：感性指數 40，是理性與感性的混合體。

你的人緣很好，對於理性和感性的情感掌控得宜。每一個和你相處的人，都會覺得如沐春風。你在不同的場合、與不同的人相處，就能因地制宜的表現出得體的應對方式，不至於理性得令人覺得不通人情，也不會感性得讓人覺得沒有原則。你會在條理分明的觀念之中，帶著一點對人的關懷和熱情，所以你很適合從事公關或服務性的工作。

C 型：感性指數 80，是刀子嘴豆腐心的烱燒鍋。

和你初次見面或是不夠熟識的人，會覺得你說話直接、個性直率。雖然你的外表是個嗓門特別大的大老粗，或是神經特別大條，但是了解你的人都知道，其實你是一個看電視連續劇時也會偷偷掉眼淚的人，只是外表裝得一副很堅強。除此之外，你還有一副難得的好心腸，喜歡默默幫助人家，「大恩不言謝」的相處方式，會讓你覺得比較自然。在感情方面，你也是一個有愛不敢說的烱燒鍋。

D 型：感性指數 100，是柔情似水的超級好人！

你是一個感性得不得了的人，喜歡沉浸在自己的想像世界裡，非常具有博愛的精神，男女老幼對你來說都沒有分別，你的愛可以變得難以收拾。你的感性總是讓異性難忘、讓同性嫉妒。但是，你要切記適度的感性可以增加自己的魅力，可是如果感性過了頭，可能就容易招來麻煩，所以在情感方面，常常因為你不自覺的釋放熱情而使局面變得難以收拾。

■ 測驗結論

對於一般人來說，理性過於感性有時候可能是種痛苦。因為，你會永遠在分析、疑慮中猜測著事件本身，理性的思維，過於敏捷的思路，使該留有的驕氣都掩藏消失，使更多的可愛之處被忽略不見，使只有自己才能獨享到的快樂遠離而去，所以做人還是感性點為好。但是一旦感性過了頭，就會讓別人對你產生不必要的誤會，也會惹來不必要的麻煩。

電子書購買

國家圖書館出版品預行編目資料

自我暗示的心力學：潛能開發 X 吸引力法則 X 七個心理測驗，正念力就是你的超能力！/ 王櫻博著. -- 第一版. -- 臺北市：崧燁文化事業有限公司, 2022.06

面； 公分

POD 版

ISBN 978-626-332-430-5(平裝)

1.CST: 成功法 2.CST: 生活指導

177.2　　111008252

自我暗示的心力學：潛能開發 × 吸引力法則 × 七個心理測驗，正念力就是你的超能力！

臉書

作　　者：王櫻博

發 行 人：黃振庭

出 版 者：崧燁文化事業有限公司

發 行 者：崧燁文化事業有限公司

E-mail：sonbookservice@gmail.com

粉 絲 頁：https://www.facebook.com/sonbookss/

網　　址：https://sonbook.net/

地　　址：台北市中正區重慶南路一段六十一號八樓 815 室

Rm. 815, 8F., No.61, Sec. 1, Chongqing S. Rd., Zhongzheng Dist., Taipei City 100, Taiwan

電　　話：(02) 2370-3310　　　傳　　真：(02) 2388-1990

印　　刷：京峯彩色印刷有限公司（京峰數位）

律師顧問：廣華律師事務所 張珮琦律師

定　　價：375 元

發行日期：2022 年 06 月第一版

◎本書以 POD 印製